# Wörterbuch

**für die Grundschule · mit Englischteil**

D1331795

das Abc
der Abend, die
am Abend
Abends, h
Abend, ab
das Abend
das Aben|teu|er,
die Abenteu
abenteuerli
aber
der Aber|glau|be,
abergläubisc

**jandorf** selbstständig
arbeiten & lernen **verlag**

# Wörterbuch für die Grundschule
Mit Englischteil

© jandorfverlag 2009 • 50321 Brühl

8. Auflage, Druck 2020

Verlag:             jandorfverlag KG
                    Marie-Curie-Straße 1 • 50321 Brühl
                    Tel. 02232 501040
                    Fax 02232 5010444
Herausgeber:        Peter Wachendorf
Illustrationen:     Achim Schulte
Druck:              W+S Druck und Medien, Troisdorf
ISBN:               978-3-96081-080-3
Bestellnummer: 1080

# Inhalt

# Hinweise

- Die Wörter sind nach dem Abc geordnet.

C
**D**
E
F

- Die hervorgehobenen Buchstaben am Seitenrand helfen bei der Wörtersuche.

- Die Wortarten haben verschiedene Farben:
  Nomen sind blau.
  Verben sind rot.
  Adjektive sind grün.
  Die anderen Wortarten sind schwarz.

- Vor den Nomen steht der Artikel (der, die, das). Einzahl und Mehrzahl stehen untereinander.

- Verben und Adjektive können verschiedene Formen haben. Schwierige Formen werden zusätzlich zur Grundform angegeben.

  sprechen        arm, ärmer
  er spricht

# Wörterverzeichnis 1

(Klasse 1 / Klasse 2)

# A

    ab

der Abend,

die Abende

    aber

    acht

der Adler,

die Adler

der Affe,

die Affen

    alle

    allein

    alles

    als

    also

    alt, älter·

    am

die Ameise,

die Ameisen

die Ampel,

die Ampeln

    an

    andere

    anders

der Anfang,

die Anfänge

die Angst,

die Ängste

    anrufen

die Antwort,

die Antworten

    antworten

    anziehen

der Apfel,

die Äpfel

A B C D E F G H I J K L M N O P Q R S T U V W X Y Z

der April
die Arbeit,
die Arbeiten
arbeiten
arm, ärmer
der Arm,
die Arme
der Arzt,
die Ärzte
der Ast,
die Äste
auch
auf
die Aufgabe,
die Aufgaben
das Auge,
die Augen
der August

aus
das Auto,
die Autos

# B

das Baby,
die Babys
der Bach,
die Bäche
backen
der Bäcker,
die Bäcker
baden
der Bagger,
die Bagger
der Ball,

A
**B**
C
D
E
F
G
H
I
J
K
L
M
N
O
P
Q
R
S
T
U
V
W
X
Y
Z

die **Bälle**

die **Banane,**

die **Bananen**

die **Bank,**

die **Bänke**

der **Bär,**

die **Bären**

**basteln,**

er **bastelt**

der **Bauch,**

die **Bäuche**

**bauen**

der **Baum,**

die **Bäume**

**bei**

**beide**

das **Bein,**

die **Beine**

**bekommen**

**bellen**

der **Berg,**

die **Berge**

**besonders**

der **Besuch,**

die **Besuche**

das **Bett,**

die **Betten**

**bewegen**

**bezahlen**

die **Biene,**

die **Bienen**

das **Bild,**

die **Bilder**

ich **bin**

die **Birne,**

die **Birnen**

**bis**

du bist

bitten

das Blatt,

die Blätter

blau

bleiben

der Blitz,

die Blitze

blühen

die Blume,

die Blumen

die Blüte,

die Blüten

bluten

der Boden,

die Böden

das Boot,

die Boote

böse

brauchen

braun

brennen

der Brief,

die Briefe

die Brille,

die Brillen

bringen

das Brot,

die Brote

der Bruder,

die Brüder

der Bub,

die Buben

das Buch,

die Bücher

A
B
C
D
E
F
G
H
I
J
K
L
M
N
O
P
Q
R
S
T
U
V
W
X
Y
Z

bunt

der Bus,

die Busse

der Busch,

die Büsche

die Butter

# C

der Cent,

die Cent

der Christ,

die Christen

der Christbaum,

die Christbäume

der Clown,

die Clowns

der Computer,

die Computer

**D**

da
dabei
das Dach,
die Dächer
dafür
damit
danken
dann
daran
darum
das
davon
dazu
dein
dem
den

denken
denn
der
deutsch
der Dezember
dich
dick
die
der Dienstag,
die Dienstage
diese
dieser
der Dinosaurier,
die Dinosaurier
dir
doch
der Donnerstag,
die Donnerstage

A
B
C
D
E
F
G
H
I
J
K
L
M
N
O
P
Q
R
S
T
U
V
W
X
Y
Z

das Dorf,
die Dörfer
dort
die Dose,
die Dosen
draußen
drei
drücken
du
dumm,
dümmer
dunkel,
dunkler
dünn
durch
dürfen, er darf
der Durst
durstig

# E

die Ecke,
die Ecken
das Ei,
die Eier
eilig
der Eimer,
die Eimer
ein
eine
einer
eines
einfach
einige
einmal
eins
das Eis

der Elefant,

die Elefanten

elf

die Eltern

das Ende,

die Enden

endlich

eng

die Ente,

die Enten

er

die Erde

erklären

erlauben

erzählen

es

der Esel,

die Esel

essen, sie isst

das Essen,

die Essen

etwa

etwas

euch

euer

die Eule,

die Eulen

eure

der Euro,

die Euro

ewig

A
B
C
D
E
**F**
F
G
H
I
J
K
L
M
N
O
P
Q
R
S
T
U
V
W
X
Y
Z

fahren,
er fährt
fallen, sie fällt
falsch
die Familie,
die Familien
fangen,
er fängt
die Feder,
die Federn
der Februar
fehlen
der Fehler,
die Fehler
feiern, er feiert
fein

das Feld,
die Felder
das Fenster,
die Fenster
die Ferien
fertig
das Fest,
die Feste
das Feuer,
die Feuer
finden
der Finger,
die Finger
der Fisch,
die Fische
die Flasche,
die Flaschen
fleißig

12

die **Fliege**,

die **Fliegen**

fliegen

der **Flügel**,

die **Flügel**

flüssig

fragen

die **Frau**,

die **Frauen**

frech

frei

der **Freitag**,

die **Freitage**

fremd

der **Fremde**,

die **Fremden**

die **Freude**,

die **Freuden**

freuen

der **Freund**,

die **Freunde**

die **Freundin**,

die **Freundinnen**

frieren

frisch

die **Frucht**,

die **Früchte**

der **Frühling**

füllen

der **Füller**,

die **Füller**

**fünf**

**für**

der **Fuß**,

die **Füße**

# G

die Gabel,

die Gabeln

ganz

der Garten,

die Gärten

geben, sie gibt

der Geburtstag,

die Geburtstage

gefährlich

gegen

gehen

gelb

das Geld,

die Gelder

das Gemüse

genau

genug

gerade

gern

das Geschenk,

die Geschenke

das Gesicht,

die Gesichter

gestern

gesund,

gesünder

gießen

die Giraffe,

die Giraffen

das Glas,

die Gläser

glatt

glauben

gleich

das Glück
graben,
sie gräbt
das Gras,
die Gräser
groß, größer
grün
der Grund,
die Gründe
die Gruppe,
die Gruppen
gut, besser

# H

das Haar,
die Haare
haben, er hat
der Hai,
die Haie
halten, sie hält
die Hand,
die Hände
hart, härter
der Hase,
die Hasen
das Haus,
die Häuser
die Haut,
die Häute
heben

# He – Hu

die Hecke,
die Hecken
das Heft,
die Hefte
heiß
heißen
helfen, er hilft
hell
das Hemd,
die Hemden
her
der Herbst
der Herr,
die Herren
das Herz,
die Herzen
heute
die Hexe,

die Hexen
hier
die Hilfe
der Himmel
hin
hinauf
hinten
hinter
hoch, höher
hoffen
hoffentlich
holen
hören
die Hose,
die Hosen
der Hund,
die Hunde
hundert

# I

ich

der Igel,

die Igel

ihm

ihn

ihnen

ihr

ihre

im

immer

in

ins

die Insel,

die Inseln

ist (es ist schön)

# J

ja

das Jahr,

die Jahre

der Januar

jede

jeder

jedes

jemand

jetzt

das Jo-Jo,

die Jo-Jos

der Juli

jung, jünger

der Junge,

die Jungen

der Juni

A
B
C
D
E
F
G
H
I
J
K
L
M
N
O
P
Q
R
S
T
U
V
W
X
Y
Z

# K

der Käfer,

die Käfer

der Kaiser,

die Kaiser

der Kalender,

die Kalender

kalt, kälter

das Kamel,

die Kamele

der Käse

die Katze,

die Katzen

kaufen

kein

keine

keiner

kennen

das Kind,

die Kinder

die Kiste,

die Kisten

klar

die Klasse,

die Klassen

kleben

das Kleid,

die Kleider

klein

klingen

klug, klüger

der Knochen,

die Knochen

kochen

der Koffer,

die **Koffer**

**kommen**

der **König,**

die **Könige**

die **Königin,**

die **Königinnen**

**können,** er **kann**

der **Kopf,**

die **Köpfe**

**kosten**

**krank,**

**kränker**

das **Kraut,**

die **Kräuter**

**kriegen**

die **Küche,**

die **Küchen**

der **Kuchen,**

die **Kuchen**

die **Kuh,**

die **Kühe**

**kurz, kürzer**

# L

**lachen**

die **Lampe,**

die **Lampen**

das **Land,**

die **Länder**

**lang, länger**

**langsam**

**lassen,**

er **lässt**

das **Laub**

laufen,

sie läuft

laut

leben

das Leben,

die Leben

leer

legen

der Lehrer,

die Lehrer

die Lehrerin,

die Lehrerinnen

leicht

leise

lernen

lesen, sie liest

die Leute

das Lexikon,

die Lexika

das Licht,

die Lichter

lieb

lieben

das Lied,

die Lieder

liegen

links

das Loch,

die Löcher

der Löffel,

die Löffel

der Löwe,

die Löwen

die Luft,

die Lüfte

lustig

# M

machen

das Mädchen,

die Mädchen

der Mai

malen

die Mama,

die Mamas

man

manchmal

der Mann,

die Männer

der März

die Maus,

die Mäuse

mehr

mein

meine

meiner

der Mensch,

die Menschen

das Messer,

die Messer

mich

die Milch

die Minute,

die Minuten

mir

mit

der Mittag,

die Mittage

die Mitte

der Mittwoch,

die Mittwoche

mögen, er mag

A
B
C
D
E
F
G
H
I
J
K
L
**M**
**N**
O
P
Q
R
S
T
U
V
W
X
Y
Z

der Monat,

die Monate

der Montag,

die Montage

morgen

der Morgen

müde

der Müll

der Mund,

die Münder

die Musik

müssen,

es muss

der Mut

mutig

die Mutter,

die Mütter

# N

nach

nächste

die Nacht,

die Nächte

die Nadel,

die Nadeln

der Nagel,

die Nägel

nah, näher

der Name,

die Namen

die Nase,

die Nasen

nass

natürlich

der Nebel,

die Nebel

neben

nehmen

nein

das Nest,

die Nester

neu

neun

nicht

nichts

nie

niemand

er nimmt

noch

die Not,

die Nöte

der November

die Nudel,

die Nudeln

nun

nur

# O

ob

oben

das Obst

obwohl

oder

der Ofen,

die Öfen

offen

oft

ohne

das Ohr,

A
B
C
D
E
F
G
H
I
J
K
L
M
N
O
P
Q
R
S
T
U
V
W
X
Y
Z

A
B
C
D
E
F
G
H
I
J
K
L
M
N
O
P
Q
R
S
T
U
V
W
X
Y
Z

die Ohren

der Oktober

die Oma,

die Omas

der Onkel,

die Onkel

der Opa,

die Opas

der Ordner,

die Ordner

der Ort,

die Orte

Ostern

P

packen

das Paket,

die Pakete

der Papa,

die Papas

die Pappe,

die Pappen

der Partner,

die Partner

die Pause,

die Pausen

das Pferd,

die Pferde

die Pflanze,

die Pflanzen

pflanzen

pflegen

der Pilz,

die Pilze

der Pinsel,

die Pinsel

die Pizza,

die Pizzas

der Platz,

die Plätze

plötzlich

die Polizei

die Pommes

die Post

der Preis,

die Preise

die Puppe,

die Puppen

putzen

# Qu

das Quadrat,

die Quadrate

quaken

die Qualle,

die Quallen

der Qualm

der Quark

der Quatsch

die Quelle,

die Quellen

quer

A
B
C
D
E
F
G
H
I
J
K
L
M
N
O
P
Q
R
S
T
U
V
W
X
Y
Z

# R

der Rabe,

die Raben

das Rad,

die Räder

raten, sie rät

die Raupe,

die Raupen

rechnen

**rechts**

reden

der Regen

regnen

reich

die Reise,

die Reisen

reisen

rennen

richtig

riechen

der Ring,

die Ringe

der Rock,

die Röcke

rollen

der Roller,

die Roller

rot, röter

der Rücken,

die Rücken

rufen

rund

die Rutsche,

die Rutschen

rutschen

26

S

die Sache,
die Sachen
der Saft,
die Säfte
sagen
das Salz,
die Salze
der Samstag,
die Samstage
der Sand
sandig
der Satz,
die Sätze
sauber
das Schaf,
die Schafe

schauen
scheinen
schenken
die Schere,
die Scheren
schief
das Schiff,
die Schiffe
schlafen,
er schläft
schlagen,
sie schlägt
schlau
schlecht
der Schlüssel,
die Schlüssel
der Schmetterling,
die Schmetterlinge

schmutzig

der Schnee

schneiden

schnell

die Schokolade,

die Schokoladen

schon

schön

schreiben

schreien

die Schrift,

die Schriften

der Schuh,

die Schuhe

die Schule,

die Schulen

schwarz,

schwärzer

die Schwester,

die Schwestern

schwimmen

sechs

sehen, er sieht

sein, wir sind

die Seife,

die Seifen

sein

seine

seiner

seit

die Seite,

die Seiten

die Sekunde,

die Sekunden

der September

sich

sie
sieben
singen
sitzen
so
der Sohn,
die Söhne
sollen, sie soll
der Sommer,
die Sommer
die Sonne,
die Sonnen
der Sonntag,
die Sonntage
sonst
die Spaghetti
sparen
spät

spielen
die Spinne,
die Spinnen
spitz
der Sport
sprechen,
er spricht
springen
die Stadt,
die Städte
die Stange,
die Stangen
der Stängel,
die Stängel
stark, stärker
stehen
der Stein,
die Steine

A
B
C
D
E
F
G
H
I
J
K
L
M
N
O
P
Q
R
S
T
U
V
W
X
Y
Z

A
B
C
D
E
F
G
H
I
J
K
L
M
N
O
P
Q
R
S
T
U
V
W
X
Y
Z

stellen

der Stern,

die Sterne

der Stift,

die Stifte

still

der Strauch,

die Sträucher

der Stuhl,

die Stühle

die Stunde,

die Stunden

suchen

süß

**T**

die Tafel,

die Tafeln

der Tag,

die Tage

die Tante,

die Tanten

die Tasche,

die Taschen

die Tasse,

die Tassen

tauchen

der Teddy,

die Teddys

der Tee,

die Tees

das Telefon,

die Telefone

der Teller,

die Teller

die Temperatur,

die Temperaturen

teuer, teurer

der Text,

die Texte

das Thermometer,

die Thermometer

tief

das Tier,

die Tiere

der Tisch,

die Tische

die Tomate,

die Tomaten

der Topf,

die Töpfe

das Tor,

die Tore

tragen,

sie trägt

der Traum,

die Träume

traurig

trinken

trocken

tun, sie tut

die Tür,

die Türen

turnen

die Tüte,

die Tüten

A
B
C
D
E
F
G
H
I
J
K
L
M
N
O
P
Q
R
S
T
**U**
**V**
W
X
Y
Z

**U**

üben

über

die Übung,

die Übungen

das Ufer,

die Ufer

das Ufo,

die Ufos

die Uhr,

die Uhren

um

und

der Unfall,

die Unfälle

uns

unser

unsere

unten

unter

der Urlaub,

die Urlaube

**V**

der Vater,

die Väter

die Vase,

die Vasen

verkaufen

der Verkehr

verstehen

versuchen

viel

vielleicht

vier

der Vogel,

die Vögel

voll

vom

von

vor

vorne

vorsichtig

# W

der Wagen,

die Wagen

der Wald,

die Wälder

wann

warm, wärmer

die Wärme

warten

warum

was

waschen,

er wäscht

das Wasser

der Weg,

die Wege

Weihnachten

A
B
C
D
E
F
G
H
I
J
K
L
M
N
O
P
Q
R
S
T
U
V
**W**
X
Y
Z

weil

weinen

weiß

weit

welche

welcher

wem

wen

wenig

wenn

wer

werden, er wird

werfen, er wirft

das Wetter

wie

wieder

die Wiese,

die Wiesen

der Wind,

die Winde

der Winter,

die Winter

wir

wo

die Woche,

die Wochen

der Wolf,

die Wölfe

die Wolke,

die Wolken

wollen, sie will

das Wort,

die Wörter

wünschen

die Wurzel,

die Wurzeln

# Z

die Zahl,
die Zahlen
zahlen
zählen
der Zahn,
die Zähne
das Zebra,
die Zebras
die Zehe,
die Zehen
zehn
zeigen
die Zeit,
die Zeiten
die Ziege,
die Ziegen

der Zoo,
die Zoos
zu
der Zucker
zuerst
der Zug,
die Züge
zum
zur
zusammen
zwei
der Zweig,
die Zweige
die Zwiebel,
die Zwiebeln
zwischen
zwölf

# Hinweise

- Die Wörter sind nach dem Abc geordnet.

- Die Buchstaben
  ä, ö, ü, ß und äu sind unter
  a, o, u, ss und au eingeordnet.

- Die hervorgehobenen Buchstaben am
  Seitenrand helfen bei der Wörtersuche.

- Silbentrennstriche zeigen,
  wie ein Wort getrennt werden kann.

  Sil|ben|trenn|stri|che

  Manche Wörter können unterschiedlich getrennt
  werden. Andere Trennmöglichkeiten werden
  durch orangefarbene Trennstriche markiert.

  durch|ei|n|an|der

- Verwandte Wörter sind grau gedruckt.

  acht, achtzehn, achtzig, um acht, der Achte, achtmal

- Vor Nomen steht der Artikel. Übliche Mehrzahlformen werden angegeben.

    der **Ab|hang**, die Abhänge

- Adjektive können gesteigert werden. Schwierige Steigerungsformen von Adjektiven werden angegeben.

    **warm**, wärmer, am wärmsten

- Verben werden in der Grundform und in einer Gegenwartsform (3. Person Einzahl) angegeben.

    **ma|len**, er malt

    Bei unregelmäßigen Verben werden drei Zeitformen angegeben.

    **lau|fen**, sie läuft, ich lief, er ist gelaufen

# Hinweise

- Manche Wörter können unterschiedlich geschrieben werden.
  Andere verwendbare Schreibweisen, Abkürzungen oder Artikel stehen in eckigen Klammern.

  strub|be|lig [strubblig]

  der Ki|lo|me|ter [km], die Kilometer

  der [das] Lap|top

- Pfeile verweisen auf:
  verwandte Verben,

  ab|schi|cken → schicken

  verwandte unregelmäßige Verben (kursiv) und

  ab|stei|gen → *steigen*

  gleich klingende Wörter, die aber unterschiedlich geschrieben werden.

  die Sai|te (beim Musikinstrument), die Saiten,
  Vergleich: → Seite

# Wörterverzeichnis 2

## (Klasse 3 / Klasse 4)

A
B
C
D
E
F
G
H
I
J
K
L
M
N
O
P
Q
R
S
T
U
V
W
X
Y
Z

# A

der **Aal**, die Aale
das **Aas**
**ab**, ab und zu
**ab|bei|ßen** → *beißen*
**ab|bie|gen** → *biegen*
die **Ab|bil|dung**,
    die Abbildungen,
    abbilden
**ab|bre|chen**
    → *brechen*,
    der Abbruch
**ab|brem|sen**,
    er bremst ab
das **Abc**, das Alphabet
der **Abend**, die Abende,
    am Abend, eines
    Abends, heute
    Abend, abends,
    das Abendessen
das **Aben|teu|er**,
    die Abenteuer,
    abenteuerlich
**aber**
der **Aber|glau|be**,
    abergläubisch
**aber|mals**

**ab|fah|ren** → *fahren*,
    die Abfahrt
der **Ab|fall**, die Abfälle
**ab|flie|gen** → *fliegen*
**ab|flie|ßen** → *fließen*,
    der Abfluss
das **Ab|gas**, die Abgase
**ab|ge|ben** → *geben*
der **Ab|ge|ord|ne|te**,
    die Abgeordneten,
    die Abgeordnete
**ab|ge|wöh|nen**
    → gewöhnen
der **Ab|grund**,
    die Abgründe
**ab|gu|cken** → gucken
der **Ab|hang**, die Abhänge
**ab|hän|gig**
**ab|hau|en** → hauen
**ab|ho|len** → holen,
    die Abholung
das **Ab|i|tur**
**ab|kür|zen** → kürzen,
    die Abkürzung
**ab|le|gen** → legen,
    der Ableger
**ab|leh|nen** → lehnen,
    die Ablehnung
**ab|len|ken** → lenken,
    die Ablenkung

abmachen
→ machen,
die Abmachung
abmelden → melden,
die Abmeldung
abnehmen
→ nehmen,
die Abnahme
das **Abo** (das Abonnement),
die Abos,
abonnieren
abrechnen
→ rechnen,
die Abrechnung
abreisen → reisen,
die Abreise
abreißen → *reißen*,
der Abriss
der **Absatz**, die Absätze
abschalten
→ schalten
abschicken
→ schicken
der **Abschied**,
die Abschiede
abschleppen
→ schleppen
abschließen
→ *schließen*,
der Abschluss

abschneiden
→ *schneiden*,
der Abschnitt
abschreiben
→ *schreiben*,
die Abschrift
abseits,
sie steht abseits,
im Abseits stehen
absenden → *senden*
die **Absenderin**,
die Absender,
der Absender
die **Absicht**,
die Absichten,
absichtlich
absolut
abspülen → spülen
abstammen,
es stammt ab,
die Abstammung
der **Abstand**,
die Abstände
absteigen → *steigen*,
der Abstieg
abstellen → stellen
abstimmen, er stimmt
ab, die Abstimmung
der **Absturz**, die Abstürze
abstürzen → stürzen

A
B
C
D
E
F
G
H
I
J
K
L
M
N
O
P
Q
R
S
T
U
V
W
X
Y
Z

das **Ab**|teil, die Abteile
die **Ab**|tei|lung,
die Abteilungen
**ab**|trock|nen
→ trocknen
**ab**|war|ten → warten
**ab**|wärts
der **Ab**|wasch, abwaschen,
abwaschbar
das **Ab**|was|ser,
die Abwässer
**ab**|wech|seln
→ wechseln,
die Abwechslung,
abwechselnd
**ab**|weh|ren → wehren,
die Abwehr
**ab**|zäh|len → zählen
das **Ab**|zei|chen,
die Abzeichen
die **Ab**|zwei|gung,
die Abzweigungen
**ach!**
die **Ach**|se, die Achsen
die **Ach**|sel, die Achseln
**acht**, achtzehn,
achtzig, um acht,
der Achte, achtmal
**ach**|ten, sie achtet,
achtgeben, achtlos,

gib acht!,
die Achtung
der **Acker**, die Äcker
die **Ac**|tion (spannende Hand-
lung), der Actionfilm,
Vergleich: → Aktion
**ad**|die|ren, sie addiert,
die Addition
die **Ader**, die Adern
das **Ad**|jek|tiv,
die Adjektive
der **Ad**|ler, die Adler
**ad**|op|tie|ren,
er adoptiert,
die Adoption
die **Ad**|res|se, die Adressen,
adressieren,
der Adressat
der **Ad**|vent
der **Af**|fe, die Affen, affig
**Af**|ri|ka, die Afrikaner,
afrikanisch
die **AG** (Arbeitsgemeinschaft),
die AGs
der **Agent**, die Agenten,
die Agentin
**ag**|gres|siv,
die Aggression
**ah**|nen, er ahnt, die
Ahnung, ahnungslos

ähnlich,
die Ähnlichkeit
der Ahorn, die Ahorne
die Ähre, die Ähren,
die Getreideähre,
Vergleich: → Ehre
das Aids (Krankheit)
der Airbag, die Airbags
das Akkordeon,
die Akkordeons
der Akku, die Akkus
der Akkusativ (4. Fall,
Wen-oder-was-Fall)
die Akrobatin,
die Akrobaten, der
Akrobat, akrobatisch
die Akte, die Akten
die Aktie, die Aktien
die Aktion (Handlung),
die Aktionen,
Vergleich: → Action
aktiv, die Aktivität
aktuell
akut
der Alarm, die Alarme,
alarmieren
Albanien, die
Albaner, albanisch
albern, die Albernheit
der Albtraum [Alptraum],

die Albträume
das Album, die Alben
die Alge, die Algen
der Alkohol, alkoholfrei,
alkoholisch
das All (Weltall)
Allah
alle, all, alles
die Allee, die Alleen
allein, alleine
allerdings
die Allergie, die
Allergien, allergisch
allerhand
Allerheiligen
allerlei
allgemein,
im Allgemeinen
allmählich
der Alltag, alltäglich
allzu
die Alm, die Almen
die Alpen
das Alphabet (Abc),
alphabetisch
als
also
alt, älter, am ältesten,
das Alter
der Altar, die Altäre

die **Alternative**,
die Alternativen
das **Aluminium**,
die Alufolie
**am** (an dem)
der **Amateur**,
die Amateure,
die Amateurin
die **Ameise**, die Ameisen
**Amerika**,
die Amerikaner,
amerikanisch
die **Ampel**, die Ampeln
die **Amsel**, die Amseln
**Amsterdam** (Hauptstadt
der Niederlande)
das **Amt**, die Ämter,
amtlich
**amüsieren**,
sie amüsiert sich
**an**
die **Ananas**, die Ananas
[Ananasse]
der **Anbau**, anbauen
**anbieten** → *bieten*
**anbinden** → *binden*
der **Anblick**, anblicken
**anbrennen**
→ *brennen*
**anbrüllen** → brüllen

die **Andacht**,
die Andachten,
andächtig
**andauernd**
das **Andenken**,
die Andenken
**andere**, ein anderer,
etwas anderes
**ändern**, er ändert,
die Änderung
**anders**
der **Andrang**
**aneinander**
**anerkennen**,
sie erkennt an,
die Anerkennung
der **Anfall**, die Anfälle,
anfällig
der **Anfang**, die Anfänge,
der Anfänger,
anfangs
**anfangen** → *fangen*
**anfassen** → *fassen*
**anfeuern** → *feuern*
**anfordern** → *fordern*,
die Anforderung
**anführen** → *führen*,
die Anführerin
**angeben** → *geben*,
der Angeber,

die Angabe
angeblich
das Angebot,
die Angebote
der Angehörige,
die Angehörigen,
die Angehörige
die Angeklagte,
die Angeklagten,
der Angeklagte
die Angel, die Angeln,
die Anglerin, angeln
die Angelegenheit,
die Angelegenheiten
angenehm
der Angestellte,
die Angestellten,
die Angestellte
angewöhnen
→ gewöhnen,
die Angewohnheit
angreifen → greifen
der Angriff, die Angriffe
die Angst, die Ängste,
ängstlich, ängstigen
angucken → gucken
anhalten → halten
der Anhänger,
die Anhänger
Ankara (Hauptstadt

der Türkei)
der Anker, die Anker,
ankern
anklagen → klagen
anklicken, er klickt an
ankommen
→ kommen,
die Ankunft
ankreuzen → kreuzen
die Anlage, die Anlagen
der Anlass, die Anlässe,
anlässlich
der Anlauf, die Anläufe,
anlaufen
anlehnen,
sie lehnt sich an
die Anleitung,
die Anleitungen,
anleiten
anmalen → malen
anmelden → melden,
die Anmeldung
die Annahme, annehmen
die Annonce (Anzeige),
die Annoncen
der Anorak, die Anoraks
die Anrede, anreden
der Anruf, die Anrufe
anrufen → rufen
ans (an das)

die An|sa|ge, die
Ansagen, ansagen
an|schau|en
→ schauen,
anschaulich,
die Anschauung
an|schei|nend,
der Anschein
an|schlie|ßen
→ schließen,
der Anschluss
an|schlie|ßend
an|schnal|len,
er schnallt sich an
die An|schrift,
die Anschriften
an|se|hen → sehen,
ansehnlich
die An|sicht,
die Ansichten
an|spre|chen
→ sprechen,
die Ansprache
der An|spruch,
die Ansprüche
an|stän|dig,
der Anstand
an|statt
an|ste|cken
→ stecken,

die Ansteckung,
ansteckend
an|stel|len → stellen,
die Anstellung
der An|stoß, die Anstöße,
anstoßen
an|stren|gen, sie
strengt sich an,
anstrengend,
die Anstrengung
die Ant|ark|tis (Südpol),
antarktisch
der An|teil, die Anteile
die An|ten|ne,
die Antennen
an|tik
die An|ti|qui|tät,
die Antiquitäten
der An|trag, die Anträge
die Ant|wort,
die Antworten
ant|wor|ten,
er antwortet
der An|walt, die Anwälte,
die Anwältin
an|wei|sen → weisen,
die Anweisung
an|wen|den
→ wenden,
die Anwendung

an|we|send,
die Anwesenheit
die An|zahl, anzahlen, die
Anzahlung
die An|zei|ge, die
Anzeigen, anzeigen
an|zie|hen → *ziehen*
der An|zug, die Anzüge
an|zün|den → zünden
das Apart|ment,
die Apartments
der Ap|fel, die Äpfel
die Ap|fel|si|ne,
die Apfelsinen
die Apo|the|ke,
die Apotheken,
der Apotheker
die [das] App, die Apps
der Ap|pa|rat, die Apparate
der Ap|pe|tit, appetitlich
der Ap|plaus, applaudieren
die Ap|ri|ko|se,
die Aprikosen
der Ap|ril
das Aqua|ri|um,
die Aquarien
der Äqua|tor
Ara|bi|en, die Araber,
arabisch
die Ar|beit, die Arbeiten,

die Arbeiterin
ar|bei|ten, er arbeitet,
arbeitslos
der Ar|chi|tekt,
die Architekten,
die Architektin
der Är|ger, das Ärgernis,
ärgerlich
är|gern, sie ärgert
das Ar|gu|ment,
die Argumente
die Ark|tis (Nordpol),
arktisch
arm, ärmer, am
ärmsten, die Armut,
ärmlich, armselig
der Arm, die Arme
der Är|mel, die Ärmel
das Aro|ma, die Aromen,
aromatisch
die Art, die Arten
ar|tig (brav)
der Ar|ti|kel, die Artikel
der Ar|tist, die Artisten,
die Artistin
die Ärz|tin, die Ärzte,
der Arzt, ärztlich
die Asche, die Aschen
Asi|en, die Asiaten,
asiatisch

A
B
C
D
E
F
G
H
I
J
K
L
M
N
O
P
Q
R
S
T
U
V
W
X
Y
Z

der **Asphalt**, asphaltieren
das **Ass**, die Asse
der **Assistent**,
    die Assistenten,
    die Assistentin
der **Ast**, die Äste
das **Asthma**,
    die Asthmatikerin
der **Astronaut**,
    die Astronauten,
    die Astronautin
das **Asyl**
das **Atelier** (Künstlerwerk-
    statt), die Ateliers
der **Atem**, atemlos
**Athen** (Hauptstadt von
    Griechenland)
die **Athletin**, die Athleten,
    der Athlet, athletisch
der **Atlantik**, der
    Atlantische Ozean
der **Atlas**, die Atlasse
    [die Atlanten]
    **atmen**, sie atmet,
    die Atmung
die **Atmosphäre**
das **Atom**, die Atome
das **Attentat**, die Attentate
das **Attest**, die Atteste
die **Attraktion**, die

Attraktionen, attraktiv
**ätzen**, ätzend
**auch**
**auf**, auf einmal
**aufbauen** → bauen
**aufbrechen**
    → *brechen*
**aufeinander**
der **Aufenthalt**,
    die Aufenthalte
**auffällig**, auffallen
**auffassen** → fassen,
    die Auffassung
**auffordern** → fordern,
    die Aufforderung
**aufführen** → führen,
    die Aufführung
die **Aufgabe**,
    die Aufgaben
der **Aufgang**,
    die Aufgänge
**aufgeben** → *geben*
**aufgehen** → *gehen*
**aufgeregt**
**aufhalten** → *halten*
**aufhängen**
    → *hängen*,
    der Aufhänger
**aufheben** → *heben*
**aufhören** → hören

aufkleben → kleben,
der Aufkleber
aufladen → *laden*
auflegen → legen,
die Auflage
aufmachen
→ machen
aufmerksam,
die Aufmerksamkeit
die **Aufnahme**,
die Aufnahmen,
aufnehmen
aufpassen → passen,
der Aufpasser
aufräumen, sie räumt
auf, aufgeräumt
aufrecht
aufregen → regen,
die Aufregung
aufrichtig
der **Aufsatz**, die Aufsätze
aufschieben
→ *schieben*,
der Aufschub
der **Aufschnitt**,
aufschneiden
aufschreiben
→ *schreiben*
die **Aufsicht**,
die Aufsichten

aufstehen → *stehen*
aufstellen → stellen,
die Aufstellung
der **Auftrag**, die Aufträge
auftreten → *treten*,
der Auftritt
aufwachen,
sie wacht auf
der **Aufwand**, aufwändig
[aufwendig]
aufwärts
aufwecken,
er weckt auf
aufwenden
→ wenden
der **Aufzug**, die Aufzüge
das **Auge**, die Augen,
das Augenlid
der **Augenblick**,
die Augenblicke,
augenblicklich
der **August**
aus
ausbessern,
sie bessert aus
ausbilden → bilden,
die Ausbildung,
die Auszubildende
der **Ausblick**,
die Ausblicke

die **Aus**|dau|er,
   aus|dauernd
  **aus**|deh|nen
   → dehnen,
   die Ausdehnung
der **Aus**|druck,
   die Ausdrücke,
   ausdrücklich,
   ausdrücken
  **aus**|ei|n|an|der
die **Aus**|fahrt
der **Aus**|flug, die Ausflüge
  **aus**|führ|lich
die **Aus**|ga|be,
   die Ausgaben
der **Aus**|gang,
   die Ausgänge
  **aus**|ge|ben → *geben*
  **aus**|ge|fal|len
  **aus**|ge|hen → *gehen*
  **aus**|ge|rech|net
  **aus**|ge|zeich|net,
   die Auszeichnung
  **aus**|gie|big (reichlich)
  **aus**|gie|ßen → *gießen*
der **Aus**|gleich,
   ausgleichen
der **Aus**|guss,
   die Ausgüsse
die **Aus**|kunft,

   die Auskünfte
das **Aus**|land, ausländisch,
   die Ausländer
  **aus**|lei|hen → *leihen*
die **Aus**|nah|me,
   die Ausnahmen,
   ausnahmsweise
  **aus**|pa|cken → packen
  **aus**|pro|bie|ren
   → probieren
der **Aus**|puff, die Auspuffe
  **aus**|rech|nen
   → rechnen
die **Aus**|re|de,
   die Ausreden
  **aus**|rei|chen, es reicht
   aus, ausreichend
  **aus**|rei|ßen → *reißen*,
   der Ausreißer
  **aus**|ru|fen → *rufen*,
   der Ausruf,
   das Ausrufezeichen
  **aus**|ru|hen → ruhen
die **Aus**|sa|ge, die
   Aussagen, aussagen
  **aus**|schla|fen
   → *schlafen*
  **aus**|schnei|den
   → *schneiden*
  **aus**|schlie|ßen

→ *schließen*
aus|se|hen → *sehen*
au|ßen
au|ßer,
  außer Acht lassen
au|ßer|dem
au|ßer|halb
äu|ßer|lich
äu|ßern, er äußert,
  die Äußerung
au|ßer|or|dent|lich
die Aus|sicht,
  die Aussichten
aus|sichts|los
der Aus|sied|ler,
  die Aussiedler,
  die Aussiedlerin
die Aus|spra|che,
  aussprechen,
  der Ausspruch
die Aus|stat|tung,
  ausstatten
aus|stei|gen → *steigen*
aus|stel|len → stellen,
  die Ausstellung
aus|stop|fen → stopfen
aus|su|chen → suchen
Aus|tra|li|en,
  die Australier,
  australisch

aus|wäh|len → wählen,
  die Auswahl
aus|wan|dern
  → wandern,
  die Auswanderin
aus|wärts
der Aus|weg,
  die Auswege,
  ausweglos
der Aus|weis,
  die Ausweise,
  sich ausweisen
aus|wen|dig
die Aus|zeich|nung,
  die Auszeichnungen,
  auszeichnen,
  ausgezeichnet
aus|zie|hen → *ziehen*
das Au|to, die Autos, Auto
  fahren, die Autobahn
das Au|to|gramm,
  die Autogramme
der Au|to|mat,
  die Automaten
au|to|ma|tisch
die Au|to|rin, die Autoren,
  der Autor
die Axt, die Äxte

A
B
C
D
E
F
G
H
I
J
K
L
M
N
O
P
Q
R
S
T
U
V
W
X
Y
Z

# B

das **Baby**, die Babys,
 der Babysitter
der **Bach**, die Bäche
die **Backe**, die Backen
 **backen**, er backt
 [bäckt], ich backte
 [buk], sie hat
 gebacken, der
 Bäcker, die Bäckerei
das **Bad**, die Bäder,
 die Badewanne
 **baden**, er badet
 **Baden-Württemberg**,
 die Baden-
 Württemberger,
 baden-
 württembergisch
der **Bagger**, die Bagger,
 baggern
das [die] **Baguette**
 (Stangenweißbrot),
 die Baguettes
die **Bahn**, die Bahnen,
 der Bahnhof,
 der Bahnsteig
die **Bahre**, die Bahren

die **Bakterie**,
 die Bakterien
 **balancieren**,
 sie balanciert,
 die Balance
 **bald**, möglichst bald,
 baldig
sich **balgen**, die Balgerei
der **Balken**, die Balken
der **Balkon**, die Balkons
 [Balkone]
der **Ball**, die Bälle,
 sie spielt Ball
das **Ballett**, die Ballette
der **Ballon**, die Ballons
 [Ballone]
die **Banane**, die Bananen
das **Band**, die Bänder,
 das Stirnband
der **Band** (Buch), die Bände
die **Band** (Musikgruppe),
 die Bands
 **bandagieren**,
 er bandagiert,
 die Bandage
die **Bande**, die Banden
 **bändigen**, sie bändigt
der **Bandit**, die Banditen
 **bange**, ihm ist bange
die **Bank** (Sitzbank),

die Bänke

die **Bank** (Geldbank),
   die Banken
   **bar**, bar bezahlen,
   das Bargeld
der **Bär**, die Bären
die **Baracke**, die Baracken
   **barfuß**, barfuß gehen
   **barmherzig**,
   die Barmherzigkeit
das **Barometer**,
   die Barometer
der **Barren**, die Barren
der **Bart**, die Bärte, bärtig,
   der Schnurrbart
der **Basar** [Bazar],
   die Basare,
   der Weihnachtsbasar
die **Base**, die Basen
der **Basketball**,
   die Basketbälle,
   Basketball spielen
der **Bass**, die Bässe,
   der Kontrabass
der **Bast**, die Baste
   **basteln**, sie bastelt,
   die Bastelei
die [der] **Batik**,
   die Batiken, batiken
die **Batterie**, die Batterien

der **Bau**, die Bauten
der **Bauch**, die Bäuche,
   das Bauchweh
   **bauen**, sie baut
der **Bauer** (Landwirt), die
   Bauern, die Bäuerin
der **Baum**, die Bäume
   **baumeln**, es baumelt
   **Bayern**, die Bayern,
   bayerisch [bayrisch]
der **Bazillus** (Krankheits-
   erreger), die Bazillen
   **beachten** → achten,
   beachtlich
der **Beamte**, die Beamten,
   die Beamtin
   **beantragen**,
   er beantragt
   **beantworten**
   → antworten
   **beaufsichtigen**,
   er beaufsichtigt
   **beben**, es bebt,
   das Erdbeben
der **Becher**, die Becher
das **Becken**, die Becken
   **bedächtig**
sich **bedanken**,
   sie bedankt sich
der **Bedarf**, die Bedarfe

bedauern,
er bedauert,
bedauerlich
bedecken, er bedeckt
bedenken → *denken*,
die Bedenken
bedeuten,
es bedeutet,
bedeutend,
die Bedeutung
bedienen, er bedient,
die Bedienung
die Bedingung,
die Bedingungen
bedrohen, er bedroht,
bedrohlich,
die Bedrohung
das Bedürfnis,
die Bedürfnisse,
bedürftig
sich beeilen, er beeilt sich
beeindrucken,
sie beeindruckt,
beeindruckend
beeinflussen,
sie beeinflusst,
die Beeinflussung
beenden, sie
beendet, beendigen
beerdigen

er beerdigt,
die Beerdigung
die Beere, die Beeren
das Beet, die Beete
befehlen, sie befiehlt,
er befahl, sie hat
befohlen, der Befehl
befestigen,
sie befestigt,
die Befestigung
befinden → *finden*
befreien, er befreit,
die Befreiung
befriedigend,
die Befriedigung
befruchten,
er befruchtet,
die Befruchtung
befürchten
→ fürchten,
die Befürchtung
begabt, die Begabung
sich begeben → *geben*
begegnen,
sie begegnet,
die Begegnung
begeistern,
sie begeistert,
die Begeisterung
begierig, die Begierde

begießen → *gießen*

der Beginn

beginnen, er beginnt,
ich begann,
sie hat begonnen

begleiten,
sie begleitet,
die Begleitung

beglückwünschen
→ wünschen

begraben → *graben*

das Begräbnis,
die Begräbnisse

begreifen → *greifen*,
der Begriff

begründen
→ gründen,
die Begründung

begrüßen → grüßen,
die Begrüßung

behaglich

behalten → *halten*,
der Behälter

behandeln
→ handeln,
die Behandlung

beharrlich

behaupten,
er behauptet,
die Behauptung

beheben → *heben*

beherrschen
→ herrschen

beherzt

behilflich

behindern,
sie behindert

behindert,
die Behinderten,
die Behinderung

die Behörde,
die Behörden

behüten → hüten

behutsam

bei

beichten, sie beichtet,
die Beichte

beide

beieinander

der Beifahrer,
die Beifahrer,
die Beifahrerin

der Beifall

beige (sandfarben)

das Beil, die Beile

das Beileid

beim (bei dem)

das Bein, die Beine

beinahe

beisammen

das **Bei**spiel,
die Beispiele,
zum Beispiel [z.B.]
**beiß**en, sie beißt, ich
biss, er hat gebissen,
der Biss
der **Bei**trag, die Beiträge,
beitragen
**be**ja**hen**, sie bejaht
**be**kannt,
die Bekannten,
die Bekanntschaft,
bekanntlich
die **Be**klei**dung**
**be**kom**men**
→ *kommen*
der **Be**lag, die Beläge
**be**las**ten**, er belastet,
die Belastung
**be**läs**ti**gen,
er belästigt,
die Belästigung
**be**le**gen** → *legen*
**be**lei**di**gen,
sie beleidigt,
die Beleidigung
**be**leuch**ten**
→ *leuchten*,
die Beleuchtung
**Bel**gi**en**, die Belgier,

belgisch
**Bel**grad (Hauptstadt
von Serbien)
**be**lie**big**
**be**liebt, die Beliebtheit
**bel**len, er bellt,
das Gebell
**be**loh**nen**,
sie belohnt,
die Belohnung
**be**mer**ken** → *merken*,
die Bemerkung
sich **be**mü**hen**,
er bemüht sich,
die Bemühung
**be**nach**rich**ti**gen**,
sie benachrichtigt
sich **be**neh**men**
→ *nehmen*,
das Benehmen
**be**nei**den**,
sie beneidet
der **Ben**gel, die Bengel
**be**no**ten**, er benotet
**be**nö**ti**gen, er benötigt
**be**nut**zen**, sie benutzt,
die Benutzung
das **Ben**zin
**be**ob**ach**ten,
sie beobachtet,

die Beobachtung
be|quem,
  die Bequemlichkeit
be|ra|ten → *raten*, die
  Beratung, die Berater
be|rech|nen → rechnen
be|rech|tigt,
  berechtigen,
  die Berechtigung
der Be|reich, die Bereiche
be|reit, die Bereitschaft
be|rei|ten, sie bereitet
be|reits
be|reu|en, er bereut es
der Berg, die Berge,
  bergig, bergauf,
  bergsteigen
ber|gen, er birgt,
  ich barg,
  sie hat geborgen
der Be|richt, die Berichte
be|rich|ten,
  sie berichtet
be|rich|ti|gen,
  sie berichtigt,
  die Berichtigung
Ber|lin (Hauptstadt
  von Deutschland),
  die Berliner,
  berlinerisch

Bern (Hauptstadt
  der Schweiz)
be|rüch|tigt
be|rück|sich|ti|gen,
  er berücksichtigt,
  die Berücksichtigung
der Be|ruf, die Berufe,
  berufstätig, beruflich
be|ru|hi|gen,
  sie beruhigt,
  die Beruhigung
be|rühmt,
  die Berühmtheit
be|rüh|ren, er berührt,
  die Berührung
be|schä|di|gen,
  er beschädigt,
  die Beschädigung
die Be|schaf|fen|heit
be|schäf|ti|gen,
  sie beschäftigt,
  die Beschäftigung
der Be|scheid,
  die Bescheide,
  ich weiß Bescheid
die Be|schei|den|heit,
  bescheiden sein
die Be|schei|ni|gung, die
  Bescheinigungen,
  bescheinigen

A
B
C
D
E
F
G
H
I
J
K
L
M
N
O
P
Q
R
S
T
U
V
W
X
Y
Z

be|sche|ren,
er beschert,
die Bescherung
be|schleu|ni|gen,
sie beschleunigt,
die Beschleunigung
be|schlie|ßen
→ *schließen*
der Be|schluss,
die Beschlüsse
be|schmut|zen,
sie beschmutzt
be|schrei|ben
→ *schreiben*,
die Beschreibung
be|schul|di|gen,
er beschuldigt,
die Beschuldigung
be|schüt|zen
→ schützen,
der Schutz
sich be|schwe|ren,
er beschwert sich,
die Beschwerde
be|sei|ti|gen,
er beseitigt,
die Beseitigung
der Be|sen, die Besen
be|set|zen, sie besetzt,
die Besetzung,

die Besatzung
be|sich|ti|gen,
sie besichtigt,
die Besichtigung
be|sie|gen → siegen,
die Besiegten
die Be|sin|nung,
sich besinnen,
besinnungslos
be|sit|zen, sie besitzt,
ich besaß, er hat
besessen, der
Besitz, die Besitzer
be|son|ders,
die Besonderheit
be|sor|gen, er besorgt,
die Besorgung
be|spre|chen
→ *sprechen*,
die Besprechung
bes|ser → gut
be|stä|ti|gen,
er bestätigt,
die Bestätigung
be|stäu|ben,
sie bestäubt
bes|te, am besten,
die beste Antwort
be|ste|chen
→ *stechen*,

die Bestechung
das Be|steck, die Bestecke
be|ste|hen → *stehen*
be|stel|len, sie bestellt,
die Bestellung
die Bes|tie, die Bestien
be|stim|men,
er bestimmt, die
Bestimmung, an
bestimmten Tagen
be|stra|fen,
sie bestraft,
die Bestrafung
die Be|strah|lung,
bestrahlen
be|strei|ten → *streiten*
der Be|such, die Besuche,
die Besucher
be|su|chen, er besucht
be|täu|ben, sie betäubt,
die Betäubung
be|tei|li|gen,
sie beteiligt,
die Beteiligung
be|ten, er betet,
das Gebet
der Be|ton, betonieren
be|to|nen, sie betont,
die Betonung
be|trach|ten,

er betrachtet,
die Betrachtung
der Be|trag, die Beträge,
betragen
be|treu|en, er betreut,
die Betreuung
der Be|trieb, die Betriebe
be|trü|ben,
es betrübt mich
der Be|trug, die Betrüger
be|trü|gen, sie betrügt,
ich betrog,
er hat betrogen
be|trun|ken,
der Betrunkene
das Bett, die Betten
bet|teln, er bettelt,
die Bettler
beu|gen, er beugt
die Beu|le, die Beulen
be|ur|tei|len,
sie beurteilt,
die Beurteilung
die Beu|te, erbeuten
der Beu|tel, die Beutel
die Be|völ|ke|rung,
bevölkert
be|vor
be|vor|zu|gen,
er bevorzugt

sich be|wäh|ren,
    er bewährt sich,
    die Bewährung
be|wäs|sern,
    sie bewässert,
    die Bewässerung
be|we|gen, er bewegt,
    die Bewegung
be|weg|lich, bewegt
der Be|weis, die Beweise,
    beweisen
sich be|wer|ben → *werben*,
    die Bewerbung
be|woh|nen
    → wohnen,
    die Bewohner
be|wölkt,
    die Bewölkung
be|wun|dern,
    sie bewundert,
    die Bewunderung
be|wusst, bewusstlos,
    das Bewusstsein
be|zah|len, sie bezahlt,
    die Bezahlung
die Be|zeich|nung,
    bezeichnen
be|zie|hen → *ziehen*
die Be|zie|hung,
    die Beziehungen

be|zie|hungs|wei|se
    [bzw.]
der Be|zirk, die Bezirke
der Be|zug, die Bezüge
be|züg|lich
die Bi|bel, die Bibeln
der Bi|ber, die Biber
die Bi|b|lio|thek,
    die Bibliotheken,
    die Bibliothekarin,
    der Bibliothekar
bie|gen, er biegt, ich
    bog, sie hat gebogen,
    biegsam
die Bie|gung,
    die Biegungen
die Bie|ne, die Bienen
das Bier, die Biere
das Biest, die Biester
bie|ten, sie bietet, ich
    bot, er hat geboten
der Bi|ki|ni, die Bikinis
das Bild, die Bilder
bil|den, er bildet
die Bil|dung
bil|lig
ich bin → *sein*
die Bin|de, die Binden
bin|den, sie bindet,
    ich band,

er hat gebunden,
der Bindestrich
die **Bin|dung**,
die Bindungen
die **Bio|gra|fie** [Biographie],
die Biografien
die **Bio|lo|gie**
der [das] **Bio|top**,
die Biotope
die **Bir|ke**, die Birken
die **Bir|ne**, die Birnen,
der Birnbaum
**bis**, bis Köln,
bis morgen
der **Bi|schof**, die Bischöfe,
die Bischöfin
**bis|her**
der **Biss**, die Bisse, bissig
**biss|chen**,
ein bisschen
du **bist** → *sein*
das **Bit** (Informationseinheit
bei Computern),
die Bits [Bit]
die **Bit|te**, die Bitten
**bit|ten**, sie bittet, ich
bat, er hat gebeten
**bit|ter**, die Bitterkeit
**blä|hen**, es bläht
**bla|mie|ren**, er blamiert,

die Blamage
**blank**
**blan|ko** (leer,
nicht ausgefüllt)
die **Bla|se**, die Blasen,
das Bläschen
**bla|sen**, sie bläst,
ich blies,
er hat geblasen
**blass**,
blasser [blässer],
am blassesten
[blässesten],
die Blässe
das **Blatt**, die Blätter,
**blättern**
**blau**, bläulich
das **Blech**, die Bleche,
**blechern**
das **Blei**, die Bleie, bleiern
**blei|ben**, er bleibt,
ich blieb,
sie ist geblieben
**bleich**
der **Blei|stift**, die Bleistifte
**blen|den**, er blendet,
die Blendung
der **Blick**, die Blicke
**bli|cken**, sie blickt,
**blind**, der Blinde

der Blind|darm
blin|ken, er blinkt
der Blin|ker, die Blinker
blin|zeln, ich blinzele
[blinzle], sie blinzelt
der Blitz, die Blitze,
blitzen
der Block, die Blöcke
[Blocks]
die Block|flö|te,
die Blockflöten
blöd [blöde],
der Blödsinn
blö|ken,
das Schaf blökt
blond
bloß
blub|bern, es blubbert
blü|hen, es blüht
die Blu|me, die Blumen
der Blu|men|kohl
die Blu|se, die Blusen
die Blü|te, die Blüten
blu|ten, er blutet
das Blut, blutig
die Bö [Böe] (Windstoß),
die Böen, böig
der Bob (Rennschlitten),
die Bobs
der Bock, die Böcke,

bockig
der Bo|den, die Böden
der Bo|gen,
die Bogen [Bögen]
die Boh|ne, die Bohnen
boh|ren, er bohrt
der Boh|rer, die Bohrer
der Boi|ler, die Boiler
(Warmwasserbereiter)
die Bo|je, die Bojen
bol|zen, sie bolzt,
der Bolzplatz
die Bom|be, die Bomben,
bombardieren
der Bon (Gutschein, Kassen-
zettel), die Bons
der [das] Bon|bon,
die Bonbons
das Boot, die Boote
der Bord, die Borde,
an Bord gehen,
der Bordstein
bor|gen, er borgt
die Bör|se, die Börsen
die Bors|te, die Borsten,
borstig
bö|se, böswillig,
boshaft
die Bö|schung,
die Böschungen

Bosnien-
Herzegowina
der **Boss**, die Bosse
der **Bote**, die Boten,
die Botin
die **Botschaft**,
die Botschaften
die **Boutique** (kleiner
Laden), die Boutiquen
**boxen**, sie boxt,
die Boxer
der **Brand**, die Brände
**Brandenburg**,
die Brandenburger,
brandenburgisch
die **Brandung**,
die Brandungen
**braten**, er brät,
ich briet,
sie hat gebraten
der **Braten**, die Braten
**Bratislava** (Hauptstadt
der Slowakei)
der **Brauch**, die Bräuche
**brauchen**, sie braucht
**brauen**, er braut,
die Brauerei
**braun**, bräunlich,
bräunen
die **Brause**, die Brausen

**brausen**, er braust
die **Braut**, die Bräute
der **Bräutigam**,
die Bräutigame
**brav**
**bravo!**
**brechen**, sie bricht,
ich brach,
er hat gebrochen
der **Brei**, die Breie, breiig
**breit**, die Breite
**Bremen**, die Bremer,
bremisch
die **Bremse**, die Bremsen
**bremsen**, er bremst
**brennen**, es brennt,
es brannte,
es hat gebrannt
**brennend**
die **Brennnessel**
[Brenn-Nessel],
die Brennnesseln
**brenzlig**
das **Brett**, die Bretter
die **Brezel** [Brezen, Breze],
die Brezeln
der **Brief**, die Briefe,
die Briefmarke
das **Brikett**, die Briketts
der **Brillant**, die Brillanten

A
B
C
D
E
F
G
H
I
J
K
L
M
N
O
P
Q
R
S
T
U
V
W
X
Y
Z

die **Bril**le, die Brillen,
   das Brillenetui
**brin**gen, er bringt,
   ich brachte,
   ich habe gebracht
die **Bri**se (Wind), die Brisen
der **Bro**cken, die Brocken,
   bröckeln, bröckelig
   [bröcklig]
   **bro**deln, es brodelt
der **Brok**ko**li** [Broccoli]
die **Brom**bee**re**,
   die Brombeeren
die **Bron**chi**tis**,
   die Bronchien
die **Bron**ze,
   die Bronzemedaille
die **Bro**sche,
   die Broschen
die **Bro**schü**re** (leichtes
   Heft), die Broschüren
das **Brot**, die Brote
das **Bröt**chen,
   die Brötchen
der **Bruch**, die Brüche,
   brüchig
die **Brü**cke, die Brücken
der **Bru**der, die Brüder,
   brüderlich
die **Brü**he, die Brühen,

   brühen, verbrühen
**brül**len, er brüllt,
   das Gebrüll
**brum**men, er brummt,
   der Brummer,
   brummig
**brü**nett (braunhaarig)
der **Brun**nen, die Brunnen
**Brüs**sel (Hauptstadt
   von Belgien)
die **Brust**, die Brüste
sich **brüs**ten,
   sie brüstet sich
**bru**tal, die Brutalität
**brü**ten, sie brütet,
   die Brut
**brut**to
**brut**zeln (braten),
   es brutzelt
der **Bub**, die Buben
das **Buch**, die Bücher
die **Bu**che, die Buchen,
   die Buchecker
die **Bü**che**rei**,
   die Büchereien
die **Büch**se, die Büchsen
der **Buch**sta**be**,
   die Buchstaben,
   buchstabieren
die **Bucht**, die Buchten

der **Bu**ckel, die Buckel,
buckelig [bucklig]
sich **bü**cken, sie bückt sich
**Bu**da**pest** (Hauptstadt
von Ungarn)
**bud**deln, er buddelt
der **Budd**his**mus**,
buddhistisch
die **Bu**de, die Buden
der **Büf**fel, die Büffel
das **Bü**fett [Buffet],
die Büfetts,
kaltes Büfett
der **Bü**gel, die Bügel
**bü**geln, er bügelt
die **Büh**ne, die Bühnen
**Bu**ka**rest** (Hauptstadt
von Rumänien)
**Bul**ga**ri**en, die
Bulgaren, bulgarisch
der **Bul**le, die Bullen
der **Bu**me**rang**,
die Bumerangs
[Bumerange]
**bum**meln,
sie bummelt,
der Bummel
der **Bund** (Vereinigung),
die Bünde,
Geheimbund

das **Bund** (Gebundenes),
die Bunde,
ein Bund Blumen,
Vergleich: → bunt
das **Bün**del, die Bündel,
bündeln
die **Bun**des**kanz**le**rin**,
der Bundeskanzler
die **Bun**des**li**ga
der **Bun**des**prä**si**dent**, die
Bundespräsidentin
die **Bun**des**re**gie**rung**, die
Bundesregierungen
die **Bun**des**re**pu**blik**
die **Bun**des**wehr**
das **Bünd**nis,
die Bündnisse,
verbündet
der **Bun**ker, die Bunker
**bunt**, bunter,
am buntesten,
Vergleich: → Bund
die **Burg**, die Burgen
**bür**gen, sie bürgt,
der Bürge
der **Bür**ger, die Bürger,
die Bürgerin,
die Bürgermeisterin,
der Bürgersteig
das **Bü**ro, die Büros

A
B
C
D
E
F
G
H
I
J
K
L
M
N
O
P
Q
R
S
T
U
V
W
X
Y
Z

der **Bursche**, die Burschen
die **Bürste**, die Bürsten
    **bürsten**, sie bürstet
der **Bus**, die Busse
der **Busch**, die Büsche,
    buschig
das **Büschel**, die Büschel
der **Busen**, die Busen
der **Bussard**,
    die Bussarde
    **büßen**, er büßt,
    die Buße
die **Butter**, butterweich
das **Byte** (8 Bits),
    die Bytes [Byte]

das **Cabrio** [Kabrio],
    die Cabrios
das **Café**, die Cafés,
    die Cafeteria,
    Vergleich: → Kaffee
das **Camping**, campen,
    der Campingplatz
die **CD**, die CDs

der **CD-Player**,
    die CD-Player
die **CD-ROM**,
    die CD-ROMs
das **Cello**, die Cellos
    [Celli]
    **Celsius**, 18 Grad
    Celsius [18 °C]
der **Cent** [ct], 5 Cent
das **Chamäleon** (Echse),
    die Chamäleons
der **Champignon** (Pilz),
    die Champignons
der **Champion** (Gewinner),
    die Champions, die
    Champions League
die **Chance**, die Chancen
das **Chaos**, chaotisch
der **Charakter**,
    die Charaktere,
    charakteristisch
der **Charterflug**,
    die Charterflüge
der **Chauffeur**,
    die Chauffeure
    **checken**, er checkt,
    die Checkliste
die **Chefin**, die Chefs,
    der Chef
die **Chemie**, chemisch

China, die Chinesen, chinesisch
der **Chip**, die Chips
der **Chirurg**, die Chirurgen
das **Chlor**
der **Chor**, die Chöre
der **Christ**, die Christen, christlich, Christus
das **Chrom**, verchromt
circa [zirka, ca.] (ungefähr)
die **City** (Innenstadt), die Citys
clever (klug)
die **Clique** (Freundeskreis), die Cliquen
der **Clown**, die Clowns
das **Cockpit**, die Cockpits
die [das] **Cola**, die Colas
die **Collage** (geklebtes Bild), die Collagen
der **Comic**, die Comics
der **Computer**, die Computer
der **Container**, die Container
cool
die **Couch** (Sofa), die Couchs [Couchen]
der **Cousin** (Vetter), die Cousins
die **Cousine** [Kusine] (Base), die Cousinen
der **Cowboy**, die Cowboys
die **Creme** [Crème], die Cremes, cremen
das **Croissant** (Blätterteighörnchen), die Croissants
der [das] **Curry** (Gewürz)
der **Cursor**

# D

da
dabei
das **Dach**, die Dächer
der **Dachs**, die Dachse
der **Dackel**, die Dackel
dadurch
dafür
dagegen
daheim
daher
dahin
dahinter

damals
die **Dame**, die Damen
damit
dämlich,
die Dämlichkeit
der **Damm**, die Dämme
dämmen, eindämmen
die **Dämmerung**,
dämmern, dämmerig
[dämmrig]
der **Dampf**, die Dämpfe,
dämpfen, dampfen
der **Dampfer**, die Dampfer
danach
daneben
Dänemark,
die Dänen, dänisch
danken, er dankt, der
Dank, danke schön,
dankbar,
die Dankbarkeit
dann
daran [dran]
darauf [drauf]
daraus [draus]
darein [drein],
dareinreden
darin [drin]
der **Darm**, die Därme
darstellen, sie stellt

dar, die Darstellung,
die Darstellerin
darüber [drüber]
darum [drum]
darunter [drunter]
das (der, die, das),
das Haus,
Vergleich: → dass
dasjenige, diejenige
dass,
ich glaube, dass ...,
Vergleich: → das
dasselbe
der **Dativ** (3. Fall, Wemfall)
die **Dattel**, die Datteln
das **Datum**, die Daten
die **Dauer**
dauern, es dauert
dauernd, dauerhaft
der **Daumen**, die Daumen
davon
davor
dazu
dazwischen
die **DDR** (Deutsche
Demokratische Republik)
das **Deck**,
die Decks [Decke]
die **Decke**, die Decken
der **Deckel**, die Deckel

decken, er deckt,
bedecken,
die Deckung
defekt (fehlerhaft)
der Defekt, die Defekte
dehnen, sie dehnt,
die Dehnung,
Vergleich: → denen
der Deich, die Deiche
die Deichsel,
die Deichseln
dein, deine, deiner
deinetwegen
dekorieren,
er dekoriert,
die Dekoration
der Delfin [Delphin],
die Delfine
die Delikatesse,
die Delikatessen
die Delle, die Dellen
dem, in dem Haus
demnach
demnächst
die Demokratie,
die Demokratien,
demokratisch
demonstrieren,
sie demonstriert,
die Demonstration

die Demut, demütig
den, sie hat den Ball,
Vergleich: → denn
denen, Bälle, mit
denen wir werfen,
Vergleich: → dehnen
denken, er denkt, ich
dachte, sie hat
gedacht, denkbar
das Denkmal,
die Denkmäler
[Denkmale]
denn, mehr denn je,
Vergleich: → den
dennoch
das Deo, die Deos,
das Deodorant
die Deponie,
die Deponien
der Depp, die Deppen
der (der, die, das)
derartig
derb
deren
derjenige, dasjenige
derselbe, dasselbe
des
deshalb
dessen
das Dessert, die Desserts

A B C D E F G H I J K L M N O P Q R S T U V W X Y Z

desto
deswegen
der Detektiv,
   die Detektive,
   die Detektivin
deuten, sie deutet
deutlich,
   die Deutlichkeit
deutsch, deutsche
   Sprache, auf Deutsch
Deutschland,
   die Deutschen
der Dezember
der [das] Dezimeter [dm],
   die Dezimeter
das Dia, die Dias
der Diabetes (Krankheit),
   der Diabetiker
die Diagnose,
   die Diagnosen,
   diagnostizieren
das Diagramm,
   die Diagramme
der Dialekt, die Dialekte
der Diamant,
   die Diamanten
die Diät, die Diäten
dich
dicht, die Dichte
dichten, er dichtet,

die Dichterin,
die Dichtung
dick
das Dickicht, die Dickichte
die (der, die, das),
   die Katze
der Dieb, die Diebe,
   der Diebstahl
diejenige, derjenige
die Diele, die Dielen
dienen, sie dient
der Diener, die Diener
der Dienst, die Dienste,
   dienstlich
der Dienstag,
   die Dienstage,
   Dienstagabend,
   dienstags
dies, diese,
   dieser, dieses
der Diesel
dieselbe
diesem, diesen
diesig
diesmal, dieses Mal
die Differenz,
   die Differenzen
digital,
   die Digitalkamera
das Diktat, die Diktate

dik|tie|ren, er diktiert
der Dill (Gewürzpflanze)
das Ding, die Dinge
der Di|no|sau|ri|er,
   die Dinosaurier
das Dip|lom, die Diplome
   dir
   di|rekt
die Di|rek|to|rin,
   die Direktorinnen,
   der Direktor,
   die Direktoren
die Di|ri|gen|tin,
   die Dirigenten, der
   Dirigent, dirigieren
das Dirndl, die Dirndl
die Dis|ket|te,
   die Disketten
die Dis|ko|thek
   [Disco, Disko],
   die Diskotheken,
   der Discjockey
die Dis|kus|si|on,
   die Diskussionen
   dis|ku|tie|ren,
   sie diskutiert
das Dis|play, die Displays
   dis|qua|li|fi|zie|ren,
   er disqualifiziert
die Dis|tanz,

   die Distanzen
die Dis|tel, die Disteln
die Dis|zi|p|lin, diszipliniert
   di|vi|die|ren, sie
   dividiert, die Division
   doch
der Docht, die Dochte
die Dog|ge, die Doggen
der Dok|tor [Dr.],
   die Doktoren,
   die Doktorin
der Dolch, die Dolche
der Dol|lar, die Dollars
die Dol|met|sche|rin,
   die Dolmetscher,
   der Dolmetscher
der Dom, die Dome
das Do|mi|no, die Dominos
der Domp|teur (Tierbändi-
   ger), die Dompteure,
   die Dompteurin
die Do|nau (Fluss)
der Dö|ner [Dönerkebab],
   die Döner
der Don|ner
   don|nern, es donnert
der Don|ners|tag,
   die Donnerstage,
   donnerstags
   doof, die Doofheit

A
B
C
D
E
F
G
H
I
J
K
L
M
N
O
P
Q
R
S
T
U
V
W
X
Y
Z

das **Do|ping**, dopen
**dop|pelt**, das Doppelte
das **Dorf**, die Dörfer,
dörflich
der **Dorn**, die Dornen,
dornig
**dort**, dorthin
die **Do|se**, die Dosen
**dö|sen**, sie döst
der [das] **Dot|ter**,
die Dotter
der **Dra|che** (Fabeltier),
die Drachen
der **Dra|chen** (Fluggerät),
die Drachen
der **Draht**, die Drähte,
drahtig
das **Dra|ma**, die Dramen,
dramatisch
**dran** [daran]
**drän|geln**, er drängelt
**drän|gen**, sie drängt
**drau|ßen**
**dre|ckig**, der Dreck
**dre|hen**, er dreht, der
Dreher, die Drehung
**drei**, dreizehn,
dreißig, dreihundert,
dreifach, dreimal,
die Dreiviertelstunde

das **Drei|eck**, die Dreiecke,
dreieckig
**dre|schen**, sie drischt,
ich drosch,
er hat gedroschen
**Dres|den**
**dres|sie|ren**, er
dressiert, die Dressur
**drib|beln**, sie dribbelt,
das Dribbling
**drif|ten**, er driftet
**drin** [darin]
**drin|gen**, er dringt
darauf, ich drang
darauf, sie hat
darauf gedrungen
**drin|gend**
**drin|nen**
**drit|tens**, zum dritten
Mal, ein Drittel, zu
dritt, jeder Dritte
die **Dro|ge**, die Drogen
die **Dro|ge|rie**,
die Drogerien, der
Drogist, die Drogistin
**dro|hen**, sie droht,
drohend,
die Drohung
**dröh|nen**, es dröhnt,
dröhnend

drollig

das Dromedar,
die Dromedare

der [das] Drops (Bonbon),
die Drops

die Drossel, die Drosseln
drüben
drüber [darüber]

der Druck, die Drucke,
der Drucker, die
Druckerei, drucken
drücken, sie drückt,
der Druckknopf
drunter [darunter],
drunter und drüber

die Drüse, die Drüsen

der Dschungel
du

der Dübel, die Dübel
Dublin (Hauptstadt von
Irland)

sich ducken, er duckt sich

das Duell, die Duelle

der Duft, die Düfte, duften,
duftig
dulden, sie duldet,
duldsam
dumm, dümmer, am
dümmsten, dümmlich,
die Dummheit

dumpf

die Düne, die Dünen

der Dünger, düngen,
der Dung
dunkel, dunkelrot,
die Dunkelheit
dünn

der Dunst, die Dünste,
verdunsten

das Dur (Tonart), C-Dur
durch, durchaus

der Durchblick,
durchblicken

die Durchblutung,
durchblutet
durcheinander,
das Durcheinander

der Durchfall,
die Durchfälle
durchführen
→ führen,
die Durchführung

der Durchgang,
die Durchgänge
durchhalten → halten
durchlässig

der Durchmesser,
die Durchmesser
durchqueren,
er durchquert

der **Durch|schnitt,**
  durchschnittlich
**durch|set|zen,**
  er setzt durch
**durch|sich|tig,**
  die Durchsicht
**durch|su|chen**
  → suchen,
  die Durchsuchung
**dür|fen,** er darf,
  ich durfte,
  sie hat gedurft
**dürf|tig**
**dürr,** die Dürre
der **Durst,** durstig
**du|schen,** sie duscht,
  die Dusche
die **Dü|se,** die Düsen
**Düs|sel|dorf**
**düs|ter** [duster]
das **Dut|zend** (12 Stück),
  Dutzende [dutzende]
**du|zen,** du duzt ihn
die **DVD,** die DVDs,
  der DVD-Player
**dy|na|misch**
das **Dy|na|mit**
der **Dy|na|mo,**
  die Dynamos
der **D-Zug,** die D-Züge

# E

die **Eb|be,** Ebbe und Flut
**eben**
die **Ebe|ne,** die Ebenen,
  ebnen
**eben|falls**
**eben|so**
der **Eber,** die Eber
das **Echo,** die Echos
**echt,** die Echtheit
die **Ecke,** die Ecken, eckig
**edel,** veredeln
die **EDV** (elektronische
  Datenverarbeitung)
der **Efeu**
der **Ef|fekt,** die Effekte
**egal** (gleichgültig)
die **Eg|ge,** die Eggen,
  eggen
**ego|is|tisch,**
  der Egoismus,
  die Egoistin,
  der Egoist
**ehe,** eher, am ehesten
die **Ehe,** die Ehen,
  das Ehepaar
die **Eh|re,** die Ehren, die

Siegerehrung, ehren,
Vergleich: → Ähre
der **Ehr**geiz, ehrgeizig
ehr**lich, die Ehrlichkeit
das **Ei**, die Eier, eiförmig
die **Ei**che, die Eichen
die **Ei**chel, die Eicheln
das **Eich**hörn**chen,
die Eichhörnchen
der **Eid** (Schwur), die Eide
die **Ei**dech**se,
die Eidechsen
der **Ei**fer, eifrig,
eifersüchtig
ei**gen, eigenartig,
die Eigenart,
die Eigenschaft
der **Ei**gen**sinn,
eigensinnig
ei**gent**lich
das **Ei**gen**tum,
die Eigentümer
sich **eig**nen, geeignet
ei**len, er eilt, eilig,
die Eile
der **Ei**mer, die Eimer
ein, eine, einer, eines
ein**an**der
die **Ein**bahn**stra**ße,
die Einbahnstraßen

der **Ein**band,
die Einbände,
einbinden
die **Ein**bil**dung,
die Einbildungen,
sich etwas einbilden,
eingebildet
ein**bre**chen
→ *brechen*,
der Einbrecher,
der Einbruch
ein**deu**tig
ein**drin**gen → *dringen*
ein**dring**lich
der **Ein**druck,
die Eindrücke,
eindrucksvoll
ein**ein**halb
[anderthalb]
ei**ner**lei
ein**fach,
die Einfachheit
ein**fä**deln,
sie fädelt ein
die **Ein**fahrt,
die Einfahrten
der **Ein**fall, die Einfälle,
einfallsreich
ein**fal**len → *fallen*
ein**fäl**tig

der **Ein|fluss**, die Einflüsse
die **Ein|füh|rung**,
   die Einführungen,
   einführen
der **Ein|gang**,
   die Eingänge
   **ein|ge|bil|det**
die **Ein|ge|wei|de**
   **ein|gie|ßen** → *gießen*
   **ein|hef|ten**,
   er heftet ein
   **ein|hei|misch**,
   die Einheimischen
die **Ein|heit**, die Einheiten
   **ein|heit|lich**
   **ei|nig**, die Einigkeit
   **ei|ni|ge**, einigermaßen
sich **ei|ni|gen**, er einigt sich,
   die Einigung
der **Ein|kauf**, die Einkäufe,
   einkaufen
das **Ein|kom|men**,
   die Einkommen
   **ein|la|den**, sie lädt ein,
   ich lud ein, er hat
   eingeladen, die
   Einladung, einladend
der **Ein|lass**, die Einlässe
   **ein|las|sen** → *lassen*
die **Ein|lei|tung**,

   die Einleitungen
   **ein|mal**, einmalig
das **Ein|mal|eins**
die **Ein|nah|me**,
   die Einnahmen
   **ein|neh|men**
   → *nehmen*
   **ein|pa|cken** → packen
   **ein|prä|gen** → prägen,
   einprägsam
die **Ein|rich|tung**,
   die Einrichtungen,
   einrichten
   **eins**
   **ein|sam**,
   die Einsamkeit
der **Ein|satz**, die Einsätze
   **ein|schen|ken**,
   er schenkt ein
   **ein|schla|fen**
   → *schlafen*
   **ein|schlie|ßen**
   → *schließen*,
   eingeschlossen
   **ein|schließ|lich**
   **ein|schu|len**,
   er wird eingeschult,
   die Einschulung
   **ein|sei|tig**
die **Ein|sicht**,

die Einsichten,
einsichtig, einsehen
**ein|sper|ren,**
sie sperrt ein
**einst,** einstmals
**ein|stei|gen** → *steigen*
**ein|stim|mig**
der **Ein|sturz,** die
Einstürze, einstürzen
die **Ein|tei|lung,**
die Einteilungen,
einteilen
die **Ein|tracht,** einträchtig
**ein|tre|ten** → *treten,*
der Eintritt
**ein|ver|stan|den,**
das Einverständnis
der **Ein|wand,**
die Einwände,
einwandfrei
der **Ein|wan|de|rer,**
die Einwanderer,
die Einwanderin
**ein|wech|seln**
→ wechseln
die **Ein|woh|ne|rin,**
die Einwohner,
der Einwohner
die **Ein|zahl**
**ein|zeln,** die Einzelheit

**ein|zie|hen** → *ziehen,*
der Einzug
**ein|zig,** einzige,
einzigartig
das **Eis,** eisig, eiskalt
das **Ei|sen,** die Eisen, die
Eisenbahn, eisern
**ei|tel,** die Eitelkeit
der **Ei|ter,** eitern, eitrig
**ekeln,** er ekelt sich,
ich ekele [ekle] mich,
der Ekel, ekelig
[eklig], ekelhaft
**elas|tisch,**
die Elastizität
die **El|be** (Fluss)
der **Elch,** die Elche
der **Ele|fant,** die Elefanten
**ele|gant,** die Eleganz
**elek|trisch,**
der Elektriker,
die Elektrizität,
die Elektronik
das **Ele|ment,**
die Elemente
das **Elend,** elend sein,
elendig
**elf,** elfmal, der Elfte,
der Elfmeter
die **El|fe,** die Elfen, der Elf

der **Ellbogen**
[Ellenbogen],
die Ellbogen
die **Elster**, die Elstern
die **Eltern**
die [das] **E-Mail**,
die E-Mails,
die E-Mail-Adresse
der **Embryo**, die Embryos
**empfangen**,
sie empfängt,
ich empfing,
er hat empfangen,
der Empfang,
die Empfänger
**empfehlen**,
er empfiehlt,
ich empfahl,
sie hat empfohlen,
die Empfehlung
**empfinden**,
sie empfindet,
ich empfand,
er hat empfunden,
empfindlich,
die Empfindung
**empor**, die Empore
sich **empören**, sie empört
sich, empörend
**emsig**

das **Ende**, die Enden,
am Ende, beenden,
endlos, endgültig,
endlich
die **Energie**, die Energien,
energisch
**eng**, die Enge
der **Engel**, die Engel
**England**, die
Engländer, englisch
die **Enkelin**,
die Enkelinnen,
der Enkel, die Enkel
**enorm**
**entbehren**,
er entbehrt,
die Entbehrung
die **Entbindung**,
die Entbindungen,
entbinden
**entdecken**,
sie entdeckt,
die Entdeckung
die **Ente**, die Enten
**entfernen**, er entfernt,
die Entfernung,
entfernt
**entführen**,
sie entführt,
die Entführung

ent|ge|gen
ent|geg|nen,
  er entgegnet
ent|glei|sen,
  sie entgleist
ent|hal|ten → *halten*,
  die Enthaltung
ent|kom|men
  → *kommen*
ent|lang
ent|las|sen → *lassen*
ent|lau|fen → *laufen*
sich ent|rüs|ten, er entrüstet
  sich, die Entrüstung
die Ent|schä|di|gung,
  die Entschädigungen
ent|schei|den,
  sie entscheidet,
  ich entschied,
  er hat entschieden,
  die Entscheidung
sich ent|schlie|ßen,
  er entschließt sich,
  ich entschloss mich,
  sie hat sich
  entschlossen,
  der Entschluss
ent|schlüs|seln,
  sie entschlüsselt
ent|schul|di|gen,

  sie entschuldigt,
  die Entschuldigung
das Ent|set|zen, entsetzlich
ent|span|nen,
  er entspannt sich,
  die Entspannung
ent|spre|chen
  → *sprechen*
ent|spre|chend
ent|ste|hen → *stehen*,
  die Entstehung
ent|täu|schen,
  sie enttäuscht,
  die Enttäuschung,
  enttäuschend
ent|we|der ... oder ...
ent|wer|fen, er entwirft,
  ich entwarf,
  sie hat entworfen,
  der Entwurf
ent|wer|ten,
  sie entwertet
ent|wi|ckeln,
  er entwickelt,
  die Entwicklung
ent|zie|hen → *ziehen*
ent|zif|fern,
  sie entziffert
ent|zü|ckend,
  das Entzücken

entzünden,
er entzündet,
die Entzündung
entzwei
er, sie, es
erarbeiten,
sie erarbeitet
das Erbarmen,
erbärmlich,
sich erbarmen
erben, er erbt,
die Erbin, das Erbe
erbeuten, sie erbeutet
erblicken, sie erblickt
erbost
die Erbse, die Erbsen
das Erdbeben,
die Erdbeben
die Erdbeere,
die Erdbeeren
die Erde, das Erdöl,
das Erdgeschoss
das Ereignis,
die Ereignisse,
sich ereignen,
ereignisreich
erfahren → *fahren*,
die Erfahrung
erfinden → *finden*,
die Erfindung

der Erfolg, die Erfolge,
erfolgreich, erfolglos,
erfolgen
erforderlich, erfordern
erforschen
→ *forschen*
erfreulich, erfreuen
erfrieren → *frieren*
erfrischen, er erfrischt,
erfrischend,
die Erfrischung
erfüllen → *füllen*,
die Erfüllung
Erfurt
ergänzen, er ergänzt,
die Ergänzung
das Ergebnis, die
Ergebnisse, ergeben
ergiebig
ergreifen → *greifen*
erhalten → *halten*
erheben → *heben*
erheblich
erhitzen, er erhitzt
die Erholung, sich
erholen, erholsam
erinnern, er erinnert
sich, die Erinnerung
die Erkältung,
sich erkälten

erken|nen → *kennen*
erklä|ren, sie erklärt,
die Erklärung
er|kran|ken,
er erkrankt,
die Erkrankung
sich er|kun|di|gen,
sie erkundigt sich,
die Erkundigung
er|lau|ben, er erlaubt,
die Erlaubnis
er|läu|tern,
sie erläutert,
die Erläuterung
die Er|le, die Erlen
er|le|ben → *leben*,
das Erlebnis,
die Erlebnisse
er|le|di|gen, er erledigt,
die Erledigung
er|leich|tert,
erleichtern,
die Erleichterung
er|lö|sen, sie erlöst,
die Erlösung
er|mah|nen,
er ermahnt,
die Ermahnung
er|mä|ßi|gen,
er ermäßigt,

die Ermäßigung
er|mit|teln, sie ermittelt,
die Ermittlung
die Er|näh|rung, ernähren
er|neu|ern,
ich erneuere,
er erneuert,
die Erneuerung
er|neut
ernst, ernsthaft,
der Ernst
ern|ten, sie erntet,
die Ernte
er|obern, sie erobert,
die Eroberung
er|öff|nen, er eröffnet,
die Eröffnung
er|pres|sen,
er erpresst,
die Erpressung
er|ra|ten → *raten*
die Er|re|gung, erregen,
erregt
er|rei|chen, sie
erreicht, erreichbar
er|rich|ten, er errichtet
er|rö|ten, sie errötet
der Er|satz, ersetzen
er|schau|dern,
sie erschaudert

A
B
C
D
E
F
G
H
I
J
K
L
M
N
O
P
Q
R
S
T
U
V
W
X
Y
Z

A
B
C
D
**E**
F
G
H
I
J
K
L
M
N
O
P
Q
R
S
T
U
V
W
X
Y
Z

erscheinen,
sie erscheint,
ich erschien,
er ist erschienen,
die Erscheinung
erschöpft,
die Erschöpfung
erschrecken,
er erschrickt,
ich erschrak,
sie ist erschrocken,
der Schreck,
er erschreckt mich
erschüttern,
es erschüttert,
die Erschütterung
ersetzen, es ersetzt,
der Ersatz
die Ersparnis,
die Ersparnisse
erst, erst heute,
erst recht
erstaunt, erstaunen
erste, erstens,
erst mal, das erste
Mal, der Erste
ersticken, er erstickt,
die Erstickung
erstklassig
ertappen, sie ertappt

ertragen → *tragen*
ertrinken → *trinken*
erwachsen,
der Erwachsene
erwähnen, er erwähnt,
die Erwähnung
erwarten, sie erwartet,
die Erwartung
erweisen → *weisen*,
es erweist sich
erwerben → *werben*,
die Erwerbung
erwidern, er erwidert,
die Erwiderung
erwischen,
sie erwischt
das **Erz**, die Erze
erzählen, er erzählt,
die Erzählung
erzeugen, sie erzeugt,
das Erzeugnis
erziehen → *ziehen*,
die Erziehung
**es**, es ist schön
die **Esche**, die Eschen
der **Esel**, die Esel
der **Eskimo**, die Eskimos
essen, er isst, ich aß,
sie hat gegessen,
essbar, iss!

das **Es**sen, die Essen
der **Es**sig, die Essige
**Est**land, die Estländer,
estländisch
die **Eta**ge, die Etagen
die **Etap**pe, die Etappen
das **Eti**kett, die Etiketten
**et**liche
das **Etui**, die Etuis
**et**wa
**et**was, etwas Salz
**euch**, euer, eure
die **Eu**le, die Eulen
**eu**retwegen
der **Eu**ro [€], 20 Euro
**Eu**ropa, die Europäer,
europäisch
die **Eu**ropäische
Union [EU]
das [der] **Eu**ter, die Euter
**evan**gelisch [ev.]
das **Evan**gelium,
die Evangelien
**even**tuell
**ewig**, die Ewigkeit
**ex**akt
das **Ex**emplar,
die Exemplare
**exis**tieren, es
existiert, die Existenz

**exo**tisch, der Exot
die **Ex**pedition,
die Expeditionen
das **Ex**periment,
die Experimente,
experimentieren
**ex**plodieren,
es explodiert,
die Explosion
**ex**tra
**ex**trem

die **Fa**bel, die Fabeln,
fabelhaft
die **Fa**brik, die Fabriken,
fabrizieren,
der Fabrikant
das **Fach**, die Fächer,
fachgerecht
die **Fa**ckel, die Fackeln
**fad** [fade]
der **Fa**den, die Fäden,
einfädeln
das **Fa**gott, die Fagotte

A
B
C
D
E
F
G
H
I
J
K
L
M
N
O
P
Q
R
S
T
U
V
W
X
Y
Z

fähig, die Fähigkeit
fahnden, sie fahndet,
die Fahndung
die Fahne, die Fahnen
die Fähre, die Fähren
fahren, er fährt, ich
fuhr, sie ist gefahren,
die Fahrt, der Fahrer,
das Fahrzeug
fahrlässig
das Fahrrad,
die Fahrräder
die Fährte (Spur),
die Fährten
fair, die Fairness,
Fair Play
der Falke, die Falken
der Fall, die Fälle, fällig
die Falle, die Fallen
fallen, sie fällt, ich fiel,
er ist gefallen
fällen, er fällt einen
Baum
falls
falsch, die Fälschung,
fälschen
falten, sie faltet,
die Falte, faltig
der Falter, die Falter
die Familie, die Familien

der Fan, die Fans,
der Fanklub
fangen, er fängt, ich
fing, sie hat
gefangen, der Fang,
die Fänge
die Fantasie [Phantasie],
die Fantasien,
fantasieren,
fantastisch
die Farbe, die Farben,
färben, farbenfroh,
farbig
die Farm, die Farmen
der Farn, die Farne
der Fasan, die Fasane
der Fasching,
die Faschinge
[Faschings]
faseln, sie faselt
die Faser, die Fasern,
fasrig [faserig]
das Fass, die Fässer
die Fassade,
die Fassaden
fassen, er fasst, fass!,
die Fassung,
fassungslos
fast (beinahe)
fasten, er fastet

das **Fast Food** [Fastfood]
(schneller Imbiss)
die **Fastnacht** [Fasnacht]
**fauchen**, sie faucht
**faul**, faulenzen,
die Faulheit,
der Faulpelz,
Vergleich: → Foul
**faulen**, es fault, faul,
verfaulen, die Fäulnis
die **Faust**, die Fäuste
der **Favorit**, die Favoriten
das **Fax**, die Faxe, faxen
(ein Fax schicken)
die **Faxen** (Faxen machen)
der **Februar**
**fechten**, sie ficht,
ich focht,
er hat gefochten,
die Fechter
die **Feder**, die Federn
die **Fee**, die Feen
**fegen**, sie fegt,
der Feger
**fehlen**, er fehlt
der **Fehler**, die Fehler,
fehlerfrei, fehlerhaft
**feiern**, sie feiert,
die Feier, feierlich,
der Feiertag

**feige** [feig], der
Feigling, die Feigheit
die **Feige**, die Feigen
**feilen**, er feilt, die Feile
**fein**, die Feinheit
der **Feind**, die Feinde,
die Feindschaft,
feindlich, feindselig
das **Feld**, die Felder
die **Felge**, die Felgen,
die Felgenbremse
das **Fell**, die Felle
der **Felsen** [Fels],
die Felsen, felsig
das **Fenster**, die Fenster
die **Ferien**
das **Ferkel**, die Ferkel
**fern**, die Ferne
der **Fernseher**,
die Fernseher,
fernsehen
die **Ferse**, die Fersen
**fertig**, fertigstellen
**fesseln**, sie fesselt,
die Fessel
**fest**, fester, feststellen
das **Fest**, die Feste,
festlich
die **Festung**,
die Festungen

A
B
C
D
E
F
G
H
I
J
K
L
M
N
O
P
Q
R
S
T
U
V
W
X
Y
Z

**fett**, fettig, einfetten,
das Fett
der **Fetzen**, die Fetzen
**feucht**, die Feuchtigkeit
das **Feuer**, die Feuer,
feurig, die Feuerwehr
die **Fibel**, die Fibeln
die **Fichte**, die Fichten
das **Fieber**, fiebern,
fiebrig, das
Fieberthermometer
**fies**
die **Figur**, die Figuren
die **Filiale**, die Filialen
der **Film**, die Filme, filmen
der **Filter**, die Filter, filtern
der **Filz**, die Filze, filzen,
der Filzstift
das **Finale**, die Finale
die **Finanzen**, finanzieren,
das Finanzamt
**finden**, er findet,
ich fand, sie hat
gefunden, die
Finderin, der Fund
der **Finger**, die Finger
der **Fink**, die Finken
**Finnland**, die Finnen,
finnisch
**finster**, die Finsternis

die **Firma**, die Firmen
die **Firmung**, die
Firmungen, firmen
der **First**, die Firste,
der Dachfirst
der **Fisch**, die Fische,
der Fischer, fischen
**fit**, fitter, am fittesten,
die Fitness
**fix**
**flach**, die Fläche
**flackern**, es flackert
der **Fladen**, die Fladen
die **Flagge**, die Flaggen
der **Flamingo**,
die Flamingos
die **Flamme**, die Flammen
die **Flanke**, die Flanken,
flanken
die **Flasche**, die Flaschen
**flattern**, sie flattert
**flau**, die Flaute
der **Flaum**, flaumig
die **Flechte**, die Flechten
**flechten**, er flicht,
ich flocht,
sie hat geflochten
der **Fleck**, die Flecken,
fleckig
die **Fledermaus**,

die Fledermäuse
der **Fle**gel, die Flegel
**fle**hen, sie fleht
das **Fleisch**, fleischig,
die Fleischerin
der **Fleiß**, fleißig
**flen**nen, er flennt
**flet**schen, sie fletscht
**fli**cken, er flickt,
der Flicken
der **Flie**der, die Flieder
die **Flie**ge, die Fliegen
**flie**gen, sie fliegt, ich
flog, er ist geflogen
**flie**hen, sie flieht, ich
floh, er ist geflohen,
die Flucht
die **Flie**se, die Fliesen
**flie**ßen, es fließt, es
floss, es ist geflossen
**flim**mern, es flimmert
**flink**
die **Flin**te, die Flinten
**flit**zen, sie flitzt
die **Flo**cke, die Flocken,
flockig
der **Floh**, die Flöhe
das **Floß**, die Flöße
die **Flos**se, die Flossen
**flö**ten, er flötet,

die Flöte
**flott**
der **Fluch**, die Flüche
**flu**chen, sie flucht
**flüch**ten, er flüchtet,
die Flucht,
die Flüchtlinge
**flüch**tig, der
Flüchtigkeitsfehler
der **Flug**, die Flüge,
das Flugzeug
der **Flü**gel, die Flügel
**flüg**ge
**flun**kern, ich flunkere,
sie flunkert
der **Flur** (Hausflur), die Flure
der **Fluss**, die Flüsse
**flüs**sig, die Flüssigkeit
**flüs**tern, er flüstert
die **Flut**, die Fluten, fluten
das **Foh**len, die Fohlen
der **Föhn**, die Föhne
**föh**nen, sie föhnt
**fol**gen, er folgt, die
Folge, folgend
die **Fo**lie, die Folien
**fol**tern, sie foltert,
die Folter
die **Fon**tä**ne**,
die Fontänen

foppen, er foppt
fordern, sie fordert,
die Forderung
fördern, er fördert,
der Förderunterricht,
die Förderung,
befördern
die Forelle, die Forellen
die Form, die Formen,
formen
formatieren,
sie formatiert
die Formel, die Formeln
das Formular,
die Formulare
formulieren,
sie formuliert,
die Formulierung
forschen, er forscht,
die Forscher,
die Forschung
der Förster, die Försterin,
der Forst
fort
fortfahren → fahren
fortgehen → gehen
der Fortschritt,
die Fortschritte,
fortschrittlich
fortsetzen, sie setzt

fort, die Fortsetzung
fortwährend
das Foto, die Fotos,
die Fotografie,
fotografieren,
die Fotografin
die Fotokopie,
die Fotokopien,
fotokopieren
das Foul (Regelverstoß),
die Fouls,
Vergleich: → faul
die Fracht, die Frachten,
der Frachter,
verfrachten
fragen, er fragt,
die Frage
fragwürdig, fraglich
frankieren,
sie frankiert
Frankreich,
die Franzosen,
französisch
die Franse, die Fransen
die Fratze, die Fratzen
die Frau, die Frauen
frech, die Frechheit
frei, die Freiheit,
im Freien, freihändig
das Freibad, die Freibäder

freilich
der Freitag, die Freitage,
    freitags, am Freitag
freiwillig
die Freizeit
    fremd, der Fremde,
    die Fremde
    fressen, er frisst,
    es fraß,
    sie hat gefressen,
    der Fraß, gefräßig,
    friss!
sich freuen, sie freut sich,
    die Freude, freudig
der Freund, die Freunde,
    die Freundin,
    die Freundschaft
    freundlich,
    die Freundlichkeit
der Frieden [Friede],
    friedlich
der Friedhof,
    die Friedhöfe
    frieren, er friert, ich
    fror, sie hat gefroren,
    erfrieren
die Frikadelle,
    die Frikadellen
das Frisbee (Wurfscheibe),
    die Frisbees

frisch, die Frische
die Friseurin [Frisörin],
    die Friseure,
    die Frisur,
    frisieren
die Frist, die Fristen,
    fristlos
    froh, der Frohsinn
    fröhlich,
    die Fröhlichkeit
    fromm,
    die Frömmigkeit
    Fronleichnam
die Front, die Fronten,
    frontal
der Frosch, die Frösche,
    der Froschlaich
der Frost, die Fröste,
    frostig, frösteln
das Frotteehandtuch, die
    Frotteehandtücher
die Frucht, die Früchte
    fruchtbar
    früh, frühestens
der Frühling, das Frühjahr
das Frühstück,
    frühstücken
der Frust, frustriert
der Fuchs, die Füchse
die Fuge, die Fugen

A
B
C
D
E
F
G
H
I
J
K
L
M
N
O
P
Q
R
S
T
U
V
W
X
Y
Z

sich **fü**gen, er fügt sich
**füh**len, sie fühlt,
der Fühler,
das Gefühl
die **Fuh**re, die Fuhren,
das Fuhrwerk
**füh**ren, er führt,
die Führung,
der Führer,
der Führerschein
**fül**len, sie füllt, die
Fülle, die Füllung,
der Füller
**fum**meln, er fummelt
der **Fund**, die Funde
das **Fun**da**ment**,
die Fundamente
**fünf**, fünfzehn, fünfzig,
fünfmal
der **Fun**ke [Funken],
die Funken
**fun**keln, es funkelt
**fun**ken, sie funkt,
der Funk, der Funker
**funk**ti**o**nie**ren**,
es funktioniert,
die Funktion
**für**, füreinander
die **Fur**che, die Furchen
**fürch**ten, er fürchtet

sich, die Furcht
**fürch**ter**lich**, furchtbar
die **Für**sorge, fürsorglich
die **Fürs**tin, der Fürst,
fürstlich
der **Fuß**, die Füße,
zu Fuß, der Fußball,
der Fußgänger
**futsch** (weg)
das **Fut**ter
**füt**tern, sie füttert,
die Fütterung
das **Fu**tur (Zukunft)

# G

die **Ga**be, die Gaben
die **Ga**bel, die Gabeln
**ga**ckern, sie gackert
**gaf**fen, er gafft
der **Gag** (witziger Einfall),
die Gags
**gäh**nen, sie gähnt
die **Ga**la**xie**, die Galaxien
der **Gal**gen, die Galgen
die **Gal**le, die Gallen

der **Galopp**, galoppieren
**gammeln**, es gammelt
die **Gämse**, die Gämsen
der **Gang**, die Gänge,
die Gangschaltung
der **Gangster**,
die Gangster
der **Ganove**, die Ganoven
die **Gans**, die Gänse
**ganz**, ganze, gänzlich
**gar** (fertig gekocht),
garen
**gar**, gar nicht
die **Garage**, die Garagen
die **Garantie**,
die Garantien,
garantieren
die **Garderobe**,
die Garderoben
die **Gardine**, die Gardinen
**gären**, es gärt,
die Gärung
das **Garn**, die Garne,
das Nähgarn
**garnieren**, er garniert
die **Garnitur**,
die Garnituren
**garstig**
der **Garten**, die Gärten,
die Gärtnerin,

die Gärtnerei
das **Gas**, die Gase,
die Abgase
**gasförmig**
die **Gasse**, die Gassen,
das Gässchen
der **Gast**, die Gäste,
gastlich,
die Gaststätte
der **Gatte**, die Gatten,
die Gattin
das **Gatter**, die Gatter
der **Gaukler**, die Gaukler
der **Gaul**, die Gäule
der **Gaumen**, die Gaumen
die **Gaunerin**, die Gauner,
der Gauner
das **Gebäck**
die **Gebärde**,
die Gebärden
**gebären**,
sie gebärt,
sie gebar,
sie hat geboren
das **Gebäude**,
die Gebäude
das **Gebell** [Gebelle]
**geben**, er gibt, ich
gab, sie hat
gegeben, gib!

das **Ge**bet, die Gebete

das **Ge**biet, die Gebiete,
gebieten

**ge**bildet,
die Gebildete

das **Ge**birge, die Gebirge,
gebirgig

das **Ge**biss, die Gebisse

das **Ge**bläse, die Gebläse

**ge**boren,
sie ist geboren

das **Ge**bot, die Gebote

**ge**brauchen,
er gebraucht, der
Gebrauch, gebraucht

**ge**brechlich,
das Gebrechen

das **Ge**brüll

die **Ge**bühr, die Gebühren

die **Ge**burt, die Geburten

der **Ge**burtstag,
die Geburtstage

das **Ge**büsch,
die Gebüsche

das **Ge**dächtnis,
die Gedächtnisse

der **Ge**danke,
die Gedanken

das **Ge**deck, die Gedecke

**ge**deihen, es gedeiht

**ge**denken → *denken*,
das Gedenken

das **Ge**dicht, die Gedichte

das **Ge**dränge, gedrängt

die **Ge**duld, geduldig

**ge**ehrt

**ge**eignet

die **Ge**fahr, die Gefahren,
gefährlich, gefährden

der **Ge**fährte,
die Gefährten,
die Gefährtin

das **Ge**fälle, die Gefälle

**ge**fallen, es gefällt,
es gefiel,
es hat gefallen

der **Ge**fallen, die Gefallen

**ge**fällig,
die Gefälligkeit

das **Ge**fängnis,
die Gefängnisse,
die Gefangenen

das **Ge**fäß, die Gefäße

das **Ge**fieder,
die Gefieder,
gefiedert

**ge**fleckt

das **Ge**flügel

das **Ge**flüster, flüstern

**ge**fräßig

ge|fro|ren, gefrieren
das Ge|fühl, die Gefühle,
gefühllos, gefühlvoll
ge|gen,
gegeneinander,
gegenseitig,
gegenüber
die Ge|gend,
die Gegenden
der Ge|gen|satz,
die Gegensätze,
gegensätzlich
ge|gen|sei|tig
der Ge|gen|stand,
die Gegenstände
das Ge|gen|teil
ge|gen|über
die Ge|gen|wart,
gegenwärtig
der Geg|ner, die Gegner
das Ge|halt, die Gehälter
ge|häs|sig
das Ge|häu|se,
die Gehäuse
das Ge|he|ge, die Gehege
ge|heim,
das Geheimnis,
geheimnisvoll
ge|hen, er geht,
ich ging,

sie ist gegangen,
der Gang
ge|heu|er
der Ge|hil|fe, die Gehilfen
das Ge|hirn, die Gehirne
das Ge|höft, die Gehöfte
das Ge|hör, gehörlos
ge|hor|chen,
sie gehorcht,
der Gehorsam,
gehorsam sein
ge|hö|ren, es gehört ihr
der Gei|er, die Geier
die Gei|ge, die Geigen
geil
die Gei|sel, die Geiseln
die Geiß (Ziege),
die Geißen
der Geist (Verstand), geistig,
der Geistliche
der Geist (Gespenst),
die Geister
gei|zig, der Geiz
das Ge|jam|mer
das Ge|krit|zel
das Gel, die Gele [Gels]
das Ge|läch|ter
ge|lähmt,
die Gelähmte
das Ge|län|de, die Gelände

das **Ge|län|der**,
die Geländer
**ge|lang|weilt**
**gelb**, gelblich
das **Geld**, die Gelder
das [der] **Ge|lee**,
die Gelees
die **Ge|le|gen|heit**,
die Gelegenheiten,
gelegentlich
**ge|lehrt**, der Gelehrte,
gelehrig
das **Ge|lenk**, die Gelenke,
gelenkig
**ge|liebt**, die Geliebten
**ge|lin|gen**, es gelingt,
es gelang,
es ist gelungen
**gel|ten**, es gilt, es galt,
es hat gegolten,
die Geltung
**ge|mäch|lich**
der **Ge|mahl**, die Gemahlin
das **Ge|mäl|de**,
die Gemälde
**ge|mäß**
**ge|mein**,
die Gemeinheit
die **Ge|mein|de**,
die Gemeinden

**ge|mein|sam**,
die Gemeinsamkeit
**ge|mein|schaft|lich**,
die Gemeinschaft
das **Ge|mü|se**
das **Ge|müt**, die Gemüter
**ge|müt|lich**,
die Gemütlichkeit
**ge|nau**, genauso,
die Genauigkeit
**ge|neh|mi|gen**,
sie genehmigt,
die Genehmigung
**ge|neigt**
der **Ge|ne|ral**, die Generäle
die **Ge|ne|ra|ti|on**,
die Generationen
der **Ge|ne|ra|tor**,
die Generatoren
**ge|ni|al**
das **Ge|nick**, die Genicke
sich **ge|nie|ren** (schämen),
er geniert sich
**ge|nie|ßen**, sie genießt,
ich genoss,
er hat genossen,
der Genuss,
genüsslich,
genießbar
der **Ge|ni|tiv** (2. Fall, Wesfall)

die **Ge**nos|sin,
   die Genossen,
   die Genossenschaft
ge|nug, genügen,
   genügend, es genügt,
   die Genugtuung
der **Ge**nuss, die Genüsse
die **Geo**gra|fie
   [Geographie]
die **Geo**me|trie,
   geometrisch
das **Ge**päck, packen,
   gepackt
ge|ra|de, geradeaus,
   geradezu
das **Ge**rät, die Geräte
ge|ra|ten, es gerät, es
   geriet, es ist geraten
ge|räu|mig
das **Ge**räusch,
   die Geräusche
ge|recht,
   die Gerechtigkeit
das **Ge**re|de
das **Ge**richt, die Gerichte
ge|ring
ge|rin|nen, es gerinnt,
   es gerann,
   es ist geronnen
das **Ge**rip|pe, die Gerippe

ge|ris|sen,
   die Gerissenheit
der **Ger**ma|ne,
   die Germanen,
   Germanien,
   germanisch
gern [gerne], lieber,
   am liebsten
das **Ge**röll
die **Gers**te
der **Ge**ruch, die Gerüche,
   geruchlos
das **Ge**rücht, die Gerüchte
das **Ge**rüm|pel
das **Ge**rüst, die Gerüste
ge|samt, insgesamt,
   die Gesamtschule
die [der] **Ge**sand|te,
   die Gesandten
der **Ge**sang, die Gesänge
das **Ge**säß, die Gesäße
das **Ge**schäft,
   die Geschäfte,
   geschäftlich
ge|sche|hen,
   es geschieht,
   es geschah,
   es ist geschehen,
   das Geschehen
ge|scheit

das **Ge**schenk,
   die Geschenke
die **Ge**schich te,
   die Geschichten
ge schickt,
   die Geschicklichkeit
ge schie den
   → *scheiden*
das **Ge**schirr,
   die Geschirre
das **Ge**schlecht,
   die Geschlechter
ge schlos sen
   → *schließen*
der **Ge**schmack,
   die Geschmäcke,
   geschmackvoll
ge schmei dig
das **Ge**schöpf,
   die Geschöpfe
das **Ge**schoss,
   die Geschosse
das **Ge**schrei
das **Ge**schütz,
   die Geschütze
das **Ge**schwätz,
   geschwätzig
ge schwind,
   die Geschwindigkeit
die **Ge**schwis ter

ge schwollen
   → *schwellen*
das **Ge**schwür,
   die Geschwüre
die **Ge**sel lin, die Gesellen
die **Ge**sell schaft,
   die Gesellschaften,
   gesellig
das **Ge**setz, die Gesetze,
   gesetzlich, gesetzlos
das **Ge**sicht, die Gesichter
das **Ge**spann,
   die Gespanne
ge spannt
das **Ge**spenst,
   die Gespenster
ge spens tisch
   [gespenstig]
das **Ge**spräch, die
   Gespräche, gespächig
ge spren kelt
das **Ge**spür
die **Ge**stalt, die Gestalten
ge stal ten, er gestaltet
das **Ge**ständ nis,
   die Geständnisse
der **Ge**stank → *stinken*
ge stat ten,
   sie gestattet
die **Ge**ste, die Gesten

gestehen → *stehen,*
geständig

das Gestein, die Gesteine

das Gestell, die Gestelle
gestern, vorgestern
gestreift

das Gestrüpp,
die Gestrüppe
gesund, gesünder,
am gesündesten,
die Gesundheit

das Getränk, die Getränke

das Getreide
getrennt

das Getriebe, die Getriebe

das Getuschel

das Gewächs,
die Gewächse
gewähren,
sie gewährt

die Gewalt, die Gewalten,
gewaltig

das Gewand,
die Gewänder
gewandt sein,
die Gewandtheit

das Gewässer,
die Gewässer

das Gewebe, die Gewebe

das Gewehr, die Gewehre

das Geweih, die Geweihe

das Gewerbe,
die Gewerbe

die Gewerkschaft,
die Gewerkschaften
gewesen → *sein*

das Gewicht, die Gewichte

das Gewimmel

das Gewinde,
die Gewinde
gewinnen, er gewinnt,
ich gewann,
sie hat gewonnen,
der Gewinn,
der Gewinner

das Gewirr
gewiss,
die Gewissheit

das Gewissen,
die Gewissen,
gewissenhaft
gewissermaßen

das Gewitter, die Gewitter,
gewittrig
gewitzt
gewöhnen,
sie gewöhnt,
die Gewohnheit,
die Gewöhnung,
gewöhnlich

das **Ge**wölbe, die
Gewölbe, gewölbt

das **Ge**wühl

das **Ge**würz, die Gewürze

die **Ge**zeiten (Ebbe und Flut)

das **Ge**zwitscher

der **Gie**bel, die Giebel

die **Gier**, gierig

**gie**ßen, er gießt,
ich goss,
sie hat gegossen,
der Guss

das **Gift**, die Gifte, giftig

**gi**gantisch, der Gigant

der **Gip**fel, die Gipfel

der **Gips**, gipsen

die **Gi**raffe, die Giraffen

die **Gir**lande,
die Girlanden

die **Gi**tarre, die Gitarren

das **Git**ter, die Gitter,
vergittern

der **Glanz**, glänzen,
glänzend

das **Glas**, die Gläser,
gläsern

die **Gla**sur, die Glasuren

**glatt**, glatter [glätter],
am glattesten
[glättesten],

die Glätte

die **Glat**ze, die Glatzen

**glau**ben, sie glaubt,
der Glaube, gläubig

**gleich**,
das Gleichgewicht,
gleichgültig,
gleichen, gleichfalls,
gleichmäßig,
gleichzeitig

das **Gleis**, die Gleise

**glei**ten, er gleitet, ich
glitt, sie ist geglitten

der **Glet**scher,
die Gletscher

das **Glied**, die Glieder,
die Gliedmaßen

**glie**dern, er gliedert,
die Gliederung

**glim**men, es glimmt,
es glomm [glimmte],
es hat geglommen
[geglimmt]

**glimpf**lich

**glit**schen, sie glitscht,
es ist glitschig

**glit**zern, es glitzert

der **Glo**bus, die Globen
[Globusse], global

die **Glo**cke, die Glocken,

das Glöckchen
glotzen, sie glotzt
das Glück,
der Glückwunsch,
glücklich, glücken,
glücklicherweise
die Glucke, die Glucken
glühen, es glüht,
glühend, die Glut
die Gnade, gnädig,
gnadenlos
der Gockel, die Gockel
das Gold, golden, goldig
das Golf, Golf spielen
der Golf (Meeresbucht)
die Gondel, die Gondeln
der Gong, die Gongs,
gongen
gönnen, er gönnt
das Gör (unerzogenes Kind),
die Gören
der Gorilla, die Gorillas
die Gosse, die Gossen
der Gott, die Götter,
göttlich
das Grab, die Gräber
graben, sie gräbt,
ich grub,
er hat gegraben
der Graben, die Gräben

der [das] Grad, die Grade,
25 Grad Wärme
der Graf, die Grafen,
die Gräfin
der Gram (Kummer),
sich grämen
das Gramm [g], 20 Gramm
die Grammatik,
die Grammatiken,
grammatisch
die Granate,
die Granaten
der Granit, die Granite
granitig
die Grapefruit (Pampel-
muse), die Grapefruits
das Gras, die Gräser,
grasen
grässlich
der Grat (Bergkamm),
die Grate
die Gräte, die Gräten
gratis (kostenlos)
die Grätsche,
die Grätschen
grätschen, er grätscht
gratulieren,
sie gratuliert,
die Gratulation
grau, gräulich

grauen, es graut mir,
das Grauen,
grauenhaft,
die Gräueltat
die **Graupel** (Hagelkorn),
die Graupeln
grausam,
die Grausamkeit
**greifen**, er greift, ich
griff, sie hat
gegriffen, der Griff
die **Greisin**, die Greise
grell, grelles Licht
die **Grenze**, die Grenzen
**Griechenland**, die
Griechen, griechisch
der **Grieß**, der Grießbrei
der **Griff**, die Griffe, griffig
der **Grill**, die Grills, grillen
die **Grille** (Insekt),
die Grillen
die **Grimasse**,
die Grimassen
grimmig
grinsen, sie grinst
die **Grippe**
grob, gröber,
am gröbsten
grölen, er grölt
grollen, sie grollt

**groß**, größer, am
größten, die Größe,
die Großeltern,
großzügig
großartig
**Großbritannien**,
die Briten, britisch
die **Grotte**, die Grotten
das **Grübchen**,
die Grübchen
die **Grube**, die Gruben
grübeln, er grübelt
die **Gruft**, die Grüfte
grün, grünlich
der **Grund**, die Gründe
gründen, sie gründet,
die Gründung
gründlich
grundsätzlich,
der Grundsatz
die **Grundschule**,
die Grundschulen,
die Grundschüler
das **Grundstück**,
die Grundstücke
grunzen, es grunzt
die **Gruppe**, die Gruppen
sich **gruseln**, er gruselt sich
der **Gruß**, die Grüße,
grüß Gott!

grüßen, sie grüßt

die Grütze, die Grützen

gucken [kucken], er guckt, das Guckloch

das [der] Gulasch, die Gulasche [Gulaschs]

die Gülle (Jauche)

der [das] Gully, die Gullys

gültig, die Gültigkeit

der [das] Gummi, die Gummis, der [das] Gummitwist

günstig, die Gunst

gurgeln, ich gurgle [gurgele], sie gurgelt, die Gurgel

die Gurke, die Gurken

gurren, die Taube gurrt

der Gurt, die Gurte, gurten

der Gürtel, die Gürtel

der Guss, die Güsse

gut, besser, am besten, etwas Gutes tun, alles Gute

das Gut, die Güter

gütig, die Güte

das Gymnasium, die Gymnasien

die Gymnastik

# H

das Haar, die Haare, das Härchen, haaren, haarig, der Haarschnitt

das Hab und Gut

haben, er hat, ich hatte, sie hat gehabt

habgierig, die Habgier

der Habicht, die Habichte

die Hachse [Haxe], die Hachsen

die Hacke [der Hacken] (Ferse), die Hacken

die Hacke (Werkzeug), die Hacken

hacken, sie hackt Holz

der Hafen, die Häfen

der Hafer, die Haferflocken

die Haft, der Häftling

haften, er haftet, verhaften

die Hagebutte, die Hagebutten

der Hagel, hageln

hager

der **Hahn**, die Hähne

der **Hai**, die Haie

**häkeln**, sie häkelt

der **Haken**, die Haken

**halb**, halb zwei,
halb voll, halbieren,
halbjährig, halbtags,
der Halbmond

die **Halde**, die Halden

die **Hälfte**, die Hälften

die **Halle**, die Hallen

**hallen**, es hallt

die **Hallig**, die Halligen

**hallo!**

**Halloween** (31. Oktober)

der **Halm**, die Halme

die **Halogenlampe**,
die Halogenlampen

der **Hals**, die Hälse

**halten**, er hält,
ich hielt, sie hat
gehalten, haltbar,
die Haltestelle

der **Halunke**,
die Halunken

**Hamburg**,
die Hamburger,
hamburgisch

**hämisch**, die Häme

der **Hammel**, die Hammel

der **Hammer**, die
Hämmer, hämmern,
ich hämmere

**hampeln**, sie hampelt

der **Hamster**, die Hamster,
hamstern

die **Hand**, die Hände,
die Handwerkerin,
handlich

**handeln**, er handelt,
die Handlung,
der Händler

das **Handy**, die Handys

der **Hang**, die Hänge

**hängen**, das Bild
hängt an der Wand,
es hing an der Wand,
es hat gehangen

**hängen**, er hängt das
Bild an die Wand,
ich hängte, sie hat es
an die Wand gehängt

**Hannover**

**hänseln**, sie hänselt

**hantieren**, er hantiert

der **Happen**, die Happen

**happy** (glücklich)

die **Hardware**,
die Hardwares

die **Har**ke, die Harken,
harken
harm**los
har**mo**nisch,
die Harmonie
der **Harn**, die Harnblase
der **Har**nisch (Brustpanzer),
die Harnische
die **Har**pu**ne,
die Harpunen
hart**, härter, am
härtesten, die Härte,
hartnäckig
das **Harz** (am Baum),
die Harze, harzig
ha**schen** (fangen),
sie hascht
der **Ha**se, die Hasen,
das Häschen
die **Ha**sel**nuss,
die Haselnüsse
has**sen**, er hasst,
der Hass
häss**lich,
die Hässlichkeit
du **hast** → *haben*
die **Hast**, hastig, hasten
sie **hat**, er hatte → *haben*
der **Hat**trick, die Hattricks
die **Hau**be, die Hauben

der **Hauch**, hauchen
hau**en**, sie haut
der **Hau**fen, die Haufen
häu**fig
das **Haupt**, die Häupter
der **Haupt**ling,
die Häuptlinge
haupt**säch**lich,
die Hauptsache
die **Haupt**stadt,
die Hauptstädte
das **Haus**, die Häuser,
haushoch, hausen,
das Zuhause,
zu Hause [zuhause]
sein, nach Hause
[nachhause],
die Hausaufgaben
die **Haut**, die Häute
die **Heb**am**me,
die Hebammen
der **He**bel, die Hebel
he**ben**, er hebt, ich
hob, sie hat gehoben
der **Hecht**, die Hechte
das **Heck**, die Hecks
[Hecke],
die Heckscheibe
die **He**cke (aus Sträuchern),
die Hecken

das **Heer**, die Heere
die **Hefe**, der Hefeteig
das **Heft**, die Hefte, heften
**heftig**, die Heftigkeit
**hegen**, er hegt,
    hegen und pflegen
die **Heide**, die Heiden
die **Heidelbeere**,
    die Heidelbeeren
**heikel**
**heil**, heilen, die
    Heilung, der Heiland
**heilig**, der Heilige,
    der Heilige Abend
**heillos**
das **Heim**, die Heime,
    das Heimweh,
    ich fahre heim
die **Heimat**, heimatlich,
    heimatlos
**heimlich**,
    die Heimlichkeit
das **Heinzelmännchen**,
    die Heinzelmännchen
**heiraten**, er heiratet,
    die Heirat
**heiser**, die Heiserkeit
**heiß**, heißer,
    am heißesten
**heißen**, er heißt,

ich hieß,
    sie hat geheißen
**heiter**, die Heiterkeit
**heizen**, sie heizt, die
    Heizung, das Heizöl
die **Hektik**, hektisch
der [das] **Hektoliter** [hl],
    die Hektoliter
der **Held**, die Helden
**helfen**, er hilft, ich
    half, sie hat geholfen,
    die Hilfe
**hell**, die Helligkeit
der **Helm**, die Helme
**Helsinki** (Hauptstadt von
    Finnland)
das **Hemd**, die Hemden
**hemmen**, sie hemmt,
    die Hemmung
der **Hengst**, die Hengste
der **Henkel**, die Henkel
die **Henne**, die Hennen
**her**, hin und her,
    herab, heran, herauf,
    heraus
**herb**
die **Herberge**,
    die Herbergen
der **Herbst**, herbstlich
der **Herd**, die Herde

die **Her**de, die Herden
he**r**ein, hereinkommen
der **He**ring, die Heringe
der **Herr**, die Herren
herr**lich**,
die Herrlichkeit
herr**schen**,
er herrscht,
die Herrschaft,
die Herrscherin
her**stellen**, sie stellt
her, die Herstellung
he**r**über
he**r**um
he**r**unter
her**vor**, hervorragend
das **Herz**, die Herzen,
herzlich, die
Herzlichkeit, herzhaft
der **Her**zog, die Herzöge
Hes**sen**, die Hessen,
hessisch
het**zen**, sie hetzt,
die Hetze
das **Heu**, die Heuschrecke
heu**cheln**, er heuchelt
heu**er** (in diesem Jahr)
die **Heu**er (Lohn für Seeleute)
heu**len**, sie heult
heu**te**, heute Morgen

die **He**xe, die Hexen,
hexen, verhext
der **Hieb**, die Hiebe
**hier**, hieran, hierauf,
hierbei, hierdurch,
hierher, hiermit,
hierzu, hierbleiben
die **Hie**ro**gly**phen
(alte Schriftzeichen)
**hie**sig
die **Hil**fe, die Hilfen,
hilfsbereit, hilflos
die **Him**bee**re**,
die Himbeeren
der **Him**mel, himmlisch
**hin**, hinab, hinauf,
hinaus, hingegen,
hinsetzen, hinweg,
die Hinsicht
**hin**dern, er hindert,
das Hindernis,
verhindern
**hin**durch
**hi**nein
**hin**ken, sie hinkt
**hin**ten
**hin**ter, hintereinander,
hinterher, hinterlistig,
der Hintergrund
der **Hin**tern, die Hintern

A
B
C
D
E
F
G
**H**
I
J
K
L
M
N
O
P
Q
R
S
T
U
V
W
X
Y
Z

hinüber, hinunter
der Hinweis, die Hinweise
hinzu
das Hirn, die Hirne
der Hirsch, die Hirsche
der Hirt [Hirte], die Hirten
der Hit, die Hits,
die Hitparade
die Hitze, hitzefrei, hitzig
das Hobby, die Hobbys
der Hobel, die Hobel,
hobeln
hoch, höher, am
höchsten,
der hohe Turm
höchstens
die Hochzeit,
die Hochzeiten
hocken, er hockt,
die Hocke
der Hocker, die Hocker
das Hockey,
Hockey spielen
der Hoden, die Hoden
der Hof, die Höfe,
das Gehöft
hoffen, sie hofft,
die Hoffnung
hoffentlich
höflich, die Höflichkeit

die Höhe, die Höhen
hohl
die Höhle, die Höhlen
der Hohn, verhöhnen
der Hokuspokus
holen, er holt
Holland,
die Holländer,
holländisch
die Hölle, die Höllen
holprig [holperig],
holpern
der Holunder
das Holz, die Hölzer
die Homepage (Internet-
seite), die Homepages
der Honig, die Honige
der Hopfen
hoppeln, er hoppelt
hoppla!
hopsen, sie hopst
horchen, er horcht
die Horde, die Horden
hören, sie hört,
hörbar, der Hörer
der Horizont, horizontal
das Horn, die Hörner
die Hornisse,
die Hornissen
das Horoskop,

die Horoskope
der **Hort**, die Horte
**horten**,
er hortet Vorräte
die **Hose**, die Hosen
das **Hospital**, die
Hospitale [Hospitäler]
die **Hostie**, die Hostien
das [der] **Hotdog** [Hot
Dog], die Hotdogs
das **Hotel**, die Hotels
**hübsch**
der **Hubschrauber**,
die Hubschrauber
**huckepack**
der **Huf**, die Hufe
die **Hüfte**, die Hüften
der **Hügel**, die Hügel,
hügelig [hüglig]
das **Huhn**, die Hühner
die **Hülle**, die Hüllen,
enthüllen
die **Hülse**, die Hülsen
die **Hummel**,
die Hummeln
der **Humor**, humorlos,
humorvoll
**humpeln**, sie humpelt
der **Humus**,
der Humusboden

der **Hund**, die Hunde
**hundert**,
ein Hunderter,
zweihundert,
hundertmal
der **Hunger**, hungern,
hungrig
die **Hupe**, die Hupen,
hupen
**hüpfen**, er hüpft
die **Hürde**, die Hürden
**hurra**, Hurra schreien
[hurra schreien]
**huschen**, sie huscht
der **Husten**, husten
der **Hut**, die Hüte
**hüten**, er hütet,
behüten,
auf der Hut sein
die **Hütte**, die Hütten
die **Hyäne**, die Hyänen
die **Hyazinthe**,
die Hyazinthen
der **Hydrant**,
die Hydranten
die **Hygiene**, hygienisch
die **Hymne**, die Hymnen,
die Nationalhymne

der **ICE** [Intercity-
expresszug],
die ICEs [ICE]
**ich**
**ideal**, das Ideal
die **Idee**, die Ideen
der **Idiot**, die Idioten,
die Idiotin, idiotisch
das **Idol**, die Idole
das **Idyll**, die Idylle,
idyllisch
der **Igel**, die Igel
der [das] **Iglu**, die Iglus
**ihm**, gib ihm das Buch
**ihn**, sie mag ihn
**ihnen**, gib ihnen
die Teller
**ihr**, ihre Uhr, ihr Koffer
die **Illustrierte**,
die Illustrierten
**im** (in dem), im Garten
der **Imam**, die Imame
[Imams]
der **Imbiss**, die Imbisse
die **Imkerin**, die Imker
**immer**, immerhin,
immerzu, immer
noch, immer wieder
der **Imperativ** (Befehlsform)
das **Imperfekt**
(Vergangenheitsform)
**impfen**, sie impft,
die Impfung
**imponieren**, er
imponiert, imposant
**imstande** sein
[im Stande sein]
**in**, in der Tasche
der **Indianer**, die Indianer
die **Industrie**,
die Industrien
**ineinander**
die **Infektion**, die
Infektionen, der Infekt
der **Infinitiv** (Grundform des
Verbs), die Infinitive
**infolge**, infolgedessen
die **Information**, die
Informationen,
informieren
der **Ingenieur**,
die Ingenieure
die **Inhaberin**, die Inhaber
der **Inhalt**, die Inhalte, das
Inhaltsverzeichnis
die **Inlineskates** [Inliner]

inmitten

innen, innerhalb,
   innerlich

innig

ins (in das), ins Haus

der Insasse, die Insassen

insbesondere

das Insekt, die Insekten

die Insel, die Inseln

das Inserat, die Inserate,
   inserieren

insgesamt

insofern

die Inspektorin,
   die Inspektoren

der Installateur,
   die Installateure,
   die Installationen

instand [in Stand],
   instand setzen

der Instinkt, die Instinkte

das Institut, die Institute

das Instrument,
   die Instrumente

intelligent,
   die Intelligenz

intensiv

interessant,
   interessieren,
   das Interesse

das Internat, die Internate

international

das Internet

das Interview,
   die Interviews,
   interviewen

die Inuit (Eskimos)

der Invalide, die Invaliden

inzwischen

irgend, irgendein,
   irgendwann,
   irgendwo, irgendwie,
   irgendjemand

die Iris (Teil des Auges)

Irland, die Iren, irisch

die Ironie, ironisch

irren, sie irrt,
   der Irrtum, irrtümlich,
   irreführen, der Irre

die Isar (Fluss)

der Islam, islamisch

Island, die Isländer,
   isländisch

Israel, die Israelis,
   israelisch

die Isolation, isolieren

er isst → essen

sie ist → sein, er ist nett

Italien, die Italiener,
   italienisch

# J

ja, Ja [ja] sagen,
    jawohl
die **Jacht** [Yacht],
    die Jachten
die **Jacke**, die Jacken
**jagen**, sie jagt,
    die Jagd
die **Jägerin**, die Jäger
der **Jaguar**, die Jaguare
**jäh**, der Jähzorn
das **Jahr**, die Jahre,
    jährlich, jahrelang,
    zweijährig
der **Jahrmarkt**,
    die Jahrmärkte
die **Jalousie**,
    die Jalousien
der **Jammer**, jammern,
    jämmerlich
der **Januar**
**Japan**, die Japaner,
    japanisch
**japsen**, er japst
**jäten**, sie jätet
die **Jauche**,
    die Jauchegrube

**jauchzen**, er jauchzt
**jaulen**, sie jault
**jawohl**
der **Jazz**, die Jazzmusiker,
    jazzen
**je**, je Person
die **Jeans**, die Jeans
**jede**, jeder, jedes
**jederzeit**, jedenfalls,
    jedes Mal
**jedoch**
der **Jeep** (Geländewagen),
    die Jeeps
**jeher**, seit jeher
**jemals**
**jemand**, jemanden
**jene**, jener, jenes
**jenseits**
**Jesus Christus**
der **Jet** (Düsenflugzeug),
    die Jets,
    der Jumbojet
**jetzt**
**jeweils**
der **Job** (Arbeit), die Jobs,
    jobben
das **Jod**
**jodeln**, er jodelt
das [der] **Joga** → Yoga
**joggen** (langsam laufen),

sie joggt, das
Joggen, die Jogger
der [das] **Joghurt** [Jogurt],
die Joghurts
die **Johannisbeere**,
die Johannisbeeren
**johlen**, er johlt,
das Gejohle
das **Jo-Jo** [Yo-Yo],
die Jo-Jos
der **Joker**, die Joker
**jonglieren**,
sie jongliert
der **Journalist**,
die Journalisten
**jubeln**, er jubelt,
der Jubel, jubilieren
das **Jubiläum**,
die Jubiläen
**jucken**, sie juckt es
das **Judentum**, die Juden,
jüdisch
das **Judo**
die **Jugend**,
die Jugendlichen,
jugendlich
der **Juli**
**jung**, jünger,
am jüngsten
der **Junge**, die Jungen

das **Junge** (Tierkind),
die Jungen
der **Juni**
der **Junior**, die Junioren,
die Juniorin,
die Juniorinnen
der **Jupiter** (Planet)
der **Jurist**, die Juristen
die **Jury** (Preisgericht)
das [der] **Juwel**,
die Juwelen
der **Juwelier**,
die Juweliere
der **Jux** (Spaß)

# K

das **Kabel**, die Kabel
die **Kabine**, die Kabinen
die **Kachel**, die Kacheln,
kacheln
der **Käfer**, die Käfer
der **Kaffee**,
Vergleich: → Café
der **Käfig**, die Käfige
**kahl**
der **Kahn**, die Kähne

der **Kai** [Quai] (Ufermauer),
die Kais

die **Kaiserin**, die Kaiser,
der Kaiser, kaiserlich

der [das] **Kajak**,
die Kajaks

die **Kajüte**, die Kajüten

der **Kakao**

der **Kaktus**, die Kakteen

das **Kalb**, die Kälber

der **Kalender**,
die Kalender

der **Kalk**, kalken [kälken]

die **Kalorie**, die Kalorien

**kalt**, kälter, am
kältesten, die Kälte

das **Kamel**, die Kamele

die **Kamera**, die Kameras

der **Kamerad**,
die Kameraden

die **Kamille**,
der Kamillentee

der **Kamin**, die Kamine

der **Kamm**, die Kämme
**kämmen**, er kämmt

die **Kammer**,
die Kammern

der **Kampf**, die Kämpfe
**kämpfen**, sie kämpft

**Kanada**,

die Kanadier,
kanadisch

der **Kanal**, die Kanäle,
die Kanalisation

der **Kanarienvogel**,
die Kanarienvögel

der **Kandidat**,
die Kandidaten

das **Känguru**,
die Kängurus

das **Kaninchen**,
die Kaninchen

der **Kanister**, die Kanister

die **Kanne**, die Kannen

der **Kanon**, die Kanons

die **Kanone**, die Kanonen

die **Kante**, die Kanten,
kantig

die **Kantine**, die Kantinen

das **Kanu**, die Kanus

die **Kanzel**, die Kanzeln

die **Kanzlerin**, die
Kanzler, der Kanzler

die **Kapelle**, die Kapellen

**kapieren**, er kapiert

der **Kapitän**, die Kapitäne

das **Kapitel**, die Kapitel

der **Kaplan**, die Kapläne

die **Kappe**, die Kappen

die **Kapsel**, die Kapseln

kaputt, kaputt machen

die Kapuze, die Kapuzen

die Karambolage,
die Karambolagen

das Karate

die Karawane,
die Karawanen

der Kardinal,
die Kardinäle

der Karfreitag,
die Karfreitage

karg, kärglich

kariert, das Karo

die Karies, kariös

der Karneval (Fastnacht)

das Karnickel,
die Karnickel

das Karo, die Karos

die Karosserie,
die Karosserien

die Karotte, die Karotten

der Karpfen, die Karpfen

die Karre [der Karren],
die Karren, karren

die Karriere,
die Karrieren

die Karte, die Karten

die Kartei, die Karteien

die Kartoffel,
die Kartoffeln

der Karton, die Kartons

das Karussell,
die Karussells
[Karusselle]

der Käse, die Käse

die Kaserne,
die Kasernen

der Kasper, die Kasper,
das Kasperletheater

die Kasse, die Kassen

die Kassette,
die Kassetten
kassieren, er kassiert

die Kastanie,
die Kastanien

der Kasten, die Kästen
[Kasten]

der Kat (Katalysator),
die Kats

der Katalog, die Kataloge

die Katastrophe (Unglück),
die Katastrophen,
katastrophal

der Kater, die Kater

die Kathedrale,
die Kathedralen

katholisch [kath.],
die Katholiken

die Katze, die Katzen

kauen, sie kaut

A B C D E F G H I J K L M N O P Q R S T U V W X Y Z

A
B
C
D
E
F
G
H
I
J
K
L
M
N
O
P
Q
R
S
T
U
V
W
X
Y
Z

kauern, er kauert
kaufen, sie kauft,
der Kauf, die Käufer,
käuflich
die Kaulquappe,
die Kaulquappen
kaum
der Kauz, die Käuze
keck
der Kegel, die Kegel,
kegeln
die Kehle, die Kehlen
kehren, er kehrt
kehrtmachen
keifen, sie keift
der Keil, die Keile
die Keilerei,
die Keilereien, keilen
der Keim, die Keime,
keimen, der Keimling
kein, keine, keiner,
keines [keins],
keinmal, keinerlei
keinesfalls,
keineswegs
der [das] Keks, die Keks
[Kekse]
der Kelch, die Kelche
die Kelle, die Kellen
der Keller, die Keller

die Kellnerin, die Kellner,
der Kellner
kennen, er kennt,
ich kannte,
sie hat gekannt,
die Kenntnis,
das Kennzeichen
kennenlernen
[kennen lernen]
kentern, es kentert
die Keramik,
die Keramiken
die Kerbe, die Kerben
der Kerker, die Kerker
der Kerl, die Kerle
der Kern, die Kerne,
kernig
die Kerze, die Kerzen,
kerzengerade
der Kescher [Käscher]
(Fangnetz), die Kescher
der Kessel, die Kessel
das [der] Ketchup
[Ketschup]
die Kette, die Ketten
keuchen, sie keucht
die Keule, die Keulen
das Keyboard (Instrument),
die Keyboards
das Kfz (Kraftfahrzeug)

kichern, er kichert

das Kickboard,
   die Kickboards

kicken, sie kickt

der Kidnapper,
   die Kidnapper

kiebig (frech, zänkisch)

der Kiebitz, die Kiebitze,
   kiebitzen

der Kiefer (Knochen),
   die Kiefer

die Kiefer (Nadelbaum),
   die Kiefern

Kiel (Hauptstadt von
   Schleswig-Holstein)

die Kieme, die Kiemen

der Kies, die Kiese,
   der Kiesel

Kiew (Hauptstadt
   der Ukraine)

das Kilo, die Kilos,
   das Kilogramm [kg]

der Kilometer [km],
   die Kilometer

das Kind, die Kinder,
   kindlich, die Kindheit

das Kinn, die Kinne

das Kino, die Kinos

der Kiosk, die Kioske

kippen, er kippt,

die Kippe

die Kirche (Gotteshaus),
   die Kirchen

die Kirmes

die Kirsche, die Kirschen,
   die Sauerkirsche

das Kissen, die Kissen

die Kiste, die Kisten

der Kitsch, kitschig

der Kitt, die Kitte, kitten

der Kittel, die Kittel

das Kitz, die Kitze

kitzeln, sie kitzelt,
   kitzelig [kitzlig]

die Kiwi, die Kiwis

die Kladde, die Kladden

kläffen,
   der Hund kläfft

klagen, sie klagt,
   die Klage, kläglich

klamm

die Klammer,
   die Klammern

klammern,
   er klammert

die Klamotten

der Klang, die Klänge

die Klappe, die Klappen,
   klappen, aufklappen,
   klapprig

A B C D E F G H I J K L M N O P Q R S T U V W X Y Z

klappern, sie klappert,
die Klapperschlange

der **Klaps**, die Klapse

**klar**, klären, erklären,
die Klarheit,
die Kläranlage

die **Klarinette**,
die Klarinetten

die **Klasse**, die Klassen,
die Klassenlehrerin,
das ist klasse

die **Klassik**, klassisch

der **Klatsch** (Geschwätz)

**klatschen**, er klatscht

die **Klaue** (Kralle),
die Klauen

**klauen**, sie klaut

das **Klavier**, die Klaviere

**kleben**, er klebt,
klebrig, der Kleber,
der Klebstoff

**kleckern**, sie kleckert

der **Klecks**, die Kleckse,
klecksen

der **Klee**, das Kleeblatt

das **Kleid**, die Kleider,
die Kleidung, kleiden

**klein**, kleinlich,
die Kleinigkeit,
das Kleingeld

der **Kleister**, die Kleister

**klemmen**, es klemmt,
in der Klemme sein

der **Klempner**,
die Klempner

die **Klette**, die Kletten

**klettern**, sie klettert

das **Klima**, klimatisiert

der **Klimmzug**,
die Klimmzüge

**klimpern**, sie klimpert

die **Klinge**, die Klingen

die **Klingel**, die Klingeln,
klingeln

**klingen**, es klingt,
es klang, es hat
geklungen, der Klang

die **Klinik**, die Kliniken

die **Klinke**, die Klinken

die **Klippe**, die Klippen

**klirren**, es klirrt

**klitzeklein**

das **Klo**, die Klos,
das Klosett

**klönen** (plaudern),
sie klönt

**klopfen**, es klopft

der **Klops**, die Klopse

der **Kloß**, die Klöße

das **Kloster**, die Klöster

der **Klotz**, die Klötze
der **Klub** [Club], die Klubs
**klug**, klüger, am
klügsten, die Klugheit
der **Klumpen**, die Klumpen
**knabbern**, er knabbert
der **Knabe**, die Knaben
das **Knäckebrot**,
die Knäckebrote
**knacken**, es knackt,
der Knacks
**knallen**, es knallt,
der Knall
**knapp**, die Knappheit
der **Knappe**, die Knappen
**knarren**, es knarrt
der **Knatsch** (Streit)
**knattern**, es knattert
der [das] **Knäuel**,
die Knäuel
**knausern**,
sie knausert,
knauserig [knausrig]
der **Knebel**, die Knebel,
knebeln
der **Knecht**, die Knechte
**kneifen**, sie kneift, ich
kniff, er hat gekniffen
die **Kneipe**, die Kneipen
**kneten**, sie knetet,

die Knete,
das Knetgummi
**knicken**, er knickt,
der Knick
der **Knicks**, die Knickse,
knicksen
das **Knie**, die Knie, knien
**kniffelig** [knifflig],
der Kniff
**knipsen**, sie knipst,
anknipsen
der **Knirps**, die Knirpse
**knirschen**, es knirscht
**knistern**, es knistert
**knittern**, es knittert,
knitterfrei
**knobeln**, er knobelt
der **Knoblauch**
der **Knöchel**, die Knöchel
der **Knochen**,
die Knochen, knochig
der **Knödel**, die Knödel
die **Knolle**, die Knollen
der **Knopf**, die Knöpfe,
knöpfen
der **Knorpel**, die Knorpel,
knorpelig [knorplig]
**knorrig**
die **Knospe**, die Knospen
der **Knoten**, die Knoten

knoten, sie knotet
knüllen, er knüllt,
  zerknüllen
knüpfen, sie knüpft
der Knüppel, die Knüppel
knurren, er knurrt
knusperig [knusprig],
  knuspern
k.o. (knock-out),
  k.o. schlagen
der Kobel, die Kobel
der Kobold, die Kobolde
die Kobra, die Kobras
kochen, sie kocht,
  der Koch, die Köche,
  kochend heiß
der Köder, die Köder
der Koffer, die Koffer
der Kohl, der Kohlrabi
die Kohle, die Kohlen
das Kohlehydrat
  [Kohlenhydrat],
  die Kohlehydrate
die Koje, die Kojen
die Kokosnuss,
  die Kokosnüsse
der Koks, die Kokse,
  der Koksofen
der Kolben, die Kolben
die Kolik, die Koliken

die Kollegin, die Kollegen
die Kolonne, die Kolonnen
der Koloss, die Kolosse,
  kolossal
der Kombi, die Kombis
kombinieren,
  er kombiniert
der Komet, die Kometen
komfortabel,
  der Komfort
komisch, der Komiker
das Komma, die Kommas
  [Kommata]
kommandieren,
  sie kommandiert,
  das Kommando
kommen, er kommt,
  ich kam,
  sie ist gekommen
der Kommentar,
  die Kommentare,
  kommentieren
der Kommissar,
  die Kommissare
die Kommission,
  die Kommissionen
die Kommode,
  die Kommoden
die Kommunion,
  die Kommunionen

der **Kommunismus**,
die Kommunistin,
kommunistisch
**kommunizieren**,
er kommuniziert,
die Kommunikation

die **Komödie**,
die Komödien

die **Kompanie**,
die Kompanien

der **Kompass**,
die Kompasse

**komplett**

das **Kompliment**,
die Komplimente

**kompliziert**

die **Komponistin**,
die Komponisten,
komponieren

der **Kompost**,
die Komposte

das **Kompott**,
die Kompotte

der **Kompromiss**,
die Kompromisse

die **Kondensmilch**

die **Kondition**

der **Konditor**,
die Konditoren,
die Konditorei

der [das] **Kondom**,
die Kondome

die **Konferenz**,
die Konferenzen

die **Konfession**,
die Konfessionen

das **Konfetti**

die **Konfirmation**,
der Konfirmand,
die Konfirmandin

die **Konfitüre**,
die Konfitüren

der **Konflikt**, die Konflikte

die **Königin**, die Könige,
der König, königlich

die **Konkurrenz**,
die Konkurrenzen,
konkurrieren

**können**, sie kann,
ich konnte,
er hat gekonnt

der **Konrektor**,
die Konrektoren

die **Konserve**,
die Konserven

der **Konsonant** (Mitlaut),
die Konsonanten

**konstruieren**,
er konstruiert,
die Konstruktion

A
B
C
D
E
F
G
H
I
J
K
L
M
N
O
P
Q
R
S
T
U
V
W
X
Y
Z

A
B
C
D
E
F
G
H
I
J
**K**
L
M
N
O
P
Q
R
S
T
U
V
W
X
Y
Z

der **Kon|sum**, konsumieren
der **Kon|takt**, die Kontakte
der **Kon|ti|nent**,
   die Kontinente
das **Kon|to**, die Konten
   kon|tra [contra] (gegen)
die **Kon|trol|le**,
   die Kontrollen,
   kontrollieren
die **Kon|zen|tra|ti|on**,
   sich konzentrieren
das **Kon|zert**, die Konzerte
   **Ko|pen|ha|gen** (Hauptstadt von Dänemark)
der **Kopf**, die Köpfe,
   kopflos
   **ko|pie|ren**, sie kopiert,
   die Kopie,
   der Kopierer
die **Ko|ral|le**, die Korallen
der **Ko|ran**
der **Korb**, die Körbe
die **Kor|del**, die Kordeln
der **Kor|ken**, die Korken
das **Korn**, die Körner
der **Kör|per**, die Körper
   **kor|rekt** (richtig),
   die Korrektur
der **Kor|ri|dor**, die Korridore
   **kor|ri|gie|ren**,

   er korrigiert
die **Kos|me|tik**, kosmetisch
der **Kos|mos**, kosmisch,
   der Kosmonaut
die **Kost** (Nahrung),
   köstlich, kosten,
   er kostet
die **Kos|ten**, kostenlos,
   kostbar, kostspielig,
   kosten, es kostet
das **Kos|tüm**, die Kostüme,
   kostümieren
der **Kot**
das **Ko|te|lett**, die Koteletts
der **Kö|ter**, die Köter
der **Kot|flü|gel**,
   die Kotflügel
   **kot|zen**, sie kotzt
die **Krab|be**, die Krabben
   **krab|beln**, es krabbelt
der **Krach**, krachen
   **kräch|zen**, er krächzt,
   krächzend
die **Kraft**, die Kräfte,
   kräftig
der **Kra|gen**, die Kragen
   [Krägen]
die **Krä|he**, die Krähen
   **krä|hen**, er kräht
   **kra|kee|len**,

sie krakeelt
die **Kralle**, die Krallen,
krallen
der **Kram**, kramen
der **Krampf**, die Krämpfe,
krampfhaft,
verkrampft
der **Kran**, die Kräne
der **Kranich**, die Kraniche
krank, die Kranke,
die Krankheit,
das Krankenhaus
**kränken**, sie kränkt
der **Kranz**, die Kränze
der **Krapfen**, die Krapfen
krass, krasser,
am krassesten
der **Krater**, die Krater
**kratzen**, er kratzt,
der Kratzer
**kraulen**, sie krault
**kraus**, krauses Haar,
kräuseln
das **Kraut**, die Kräuter,
das Unkraut
der **Krawall**, die Krawalle
die **Krawatte**,
die Krawatten
**kraxeln**, er kraxelt
**kreativ**, die Kreativität

der **Krebs**, die Krebse
der **Kredit**, die Kredite
die **Kreide**, die Kreiden,
kreidebleich
der **Kreis**, die Kreise,
kreisen, kreisrund
**kreischen**, sie kreischt
der **Kreisel**, die Kreisel
der **Krempel**
das **Krepppapier**
[Krepp-Papier]
das **Kreuz**, die Kreuze,
kreuzen,
die Kreuzigung
die **Kreuzung**,
die Kreuzungen
**kribbeln**, es kribbelt
**kriechen**, er kriecht,
es kroch,
sie ist gekrochen
der **Krieg**, die Kriege,
kriegerisch
**kriegen**, sie kriegt
der **Krimi**, die Krimis,
die Kriminalpolizei,
kriminell
der **Kringel**, die Kringel
die **Krippe**, die Krippen
die **Krise**, die Krisen
der **Kristall**, die Kristalle

die **Kritik**, die Kritiken,
kritisch, kritisieren
**kritzeln**, sie kritzelt,
die Kritzelei
**Kroatien**, die Kroaten,
kroatisch
die **Krokette**,
die Kroketten
das **Krokodil**,
die Krokodile
der **Krokus**, die Krokusse
die **Krone**, die Kronen,
krönen
**kross** (knusprig)
die **Kröte**, die Kröten
die **Krücke**, die Krücken
der **Krug**, die Krüge
der **Krümel**, die Krümel,
krümeln, die Krume
**krumm**, die Krümmung
der **Krüppel**, die Krüppel
die **Kruste**, die Krusten
das **Kruzifix**, die Kruzifixe
der **Kübel**, die Kübel
die **Küche**, die Küchen
der **Kuchen**, die Kuchen
der **Kuckuck**,
die Kuckucke
die **Kufe**, die Kufen
die **Kugel**, die Kugeln,

kuglig [kugelig],
der Kugelschreiber
die **Kuh**, die Kühe
**kühl**, kühlen,
die Kühlung,
der Kühlschrank
die **Kuhle** (Grube),
die Kuhlen
**kühn**, die Kühnheit
das **Küken**, die Küken
der **Kuli** (Kugelschreiber),
die Kulis
die **Kulisse**, die Kulissen
**kullern**, es kullert
die **Kultur**, die Kulturen,
kulturell
der **Kümmel**
der **Kummer**,
sich kümmern
**kümmerlich**
der **Kumpel**, die Kumpel
der **Kunde** (Käufer),
die Kunden,
die Kundschaft
die **Kunde** (Nachricht/
Wissen), kundig
**kündigen**, sie kündigt,
die Kündigung
**künftig**
die **Kunst**, die Künste,

die Künstler,
das Kunstwerk
künstlich,
der Kunststoff
kunterbunt
das Kupfer, kupfern
die Kuppe, die Kuppen,
Fingerkuppe
die Kuppel, die Kuppeln,
Kirchenkuppel
die Kupplung,
die Kupplungen,
kuppeln
die Kur, die Kuren,
der Kurort
die Kurbel, die Kurbeln,
kurbeln
der Kürbis, die Kürbisse
der Kurier, die Kuriere
kurios (seltsam)
der Kurs, die Kurse
die Kurve, die Kurven,
kurvig, kurven
kurz, kürzer, am
kürzesten, die Kürze,
die Kürzung, kürzlich,
in Kürze, kurzsichtig
kuscheln, er kuschelt
die Kusine → Cousine
der Kuss, die Küsse,

küssen
die Küste, die Küsten
der Küster (Kirchendiener),
die Küster,
die Küsterin
die Kutsche,
die Kutschen,
kutschieren
der Kutter, die Kutter
das Kuvert (Briefumschlag),
die Kuverts

das Labor, die Labors
[Labore], das
Laboratorium
das Labyrinth,
die Labyrinthe
lachen, sie lacht, das
Lachen, lachhaft,
lächeln, lächerlich
der Lachs, die Lachse
der Lack, die Lacke,
lackieren,
die Lackierung

laden, er lädt, ich lud,
sie hat geladen,
die Ladung
der Laden (Geschäft),
die Läden [Laden]
die Lage, die Lagen
das Lager, die Lager,
lagern
lahm, gelähmt,
die Lähmung
der Laib, die Laibe,
ein Laib Brot,
Vergleich: → Leib
Laibach (Hauptstadt von
Slowenien)
der Laich, laichen,
der Froschlaich
der Laie, die Laien
das Laken, die Laken
die Lakritze [der [das]
Lakritz], die Lakritzen
[Lakritze]
lallen, sie lallt
das Lama, die Lamas
das Lametta
das Lamm, die Lämmer
die Lampe, die Lampen
der [das] Lampion,
die Lampions
das Land, die Länder,

ländlich,
die Landschaft,
die Landwirtschaft
landen, er landet,
die Landung
lang, länger, am
längsten, die Länge,
länglich, langärmelig
die Langeweile,
langweilig
langsam,
die Langsamkeit
längst (schon lange)
die Lanze, die Lanzen
der Lappen, die Lappen
läppisch
der [das] Laptop,
die Laptops
die Lärche (Nadelbaum),
die Lärchen,
Vergleich: → Lerche
der Lärm, lärmen
die Larve, die Larven
die Lasche, die Laschen
der Laser, die Laser
lassen, sie lässt, ich
ließ, er hat gelassen,
lass!
lässig
das [der] Lasso,

die Lassos

die **Last**, die Lasten

der **Laster** (Lastwagen),
die Laster

das **Laster** (Untugend),
die Laster

**lästern**, er lästert

**lästig**, belästigen

der **Lastwagen**,
die Lastwagen

das **Latein**, lateinisch

die **Laterne**, die Laternen

**latschen**, sie latscht,
die Latschen

die **Latte**, die Latten

der **Latz**, die Lätze,
das Lätzchen

**lau**, lauwarm

das **Laub**, der Laubbaum

die **Laube**, die Lauben

der **Lauch**,
die Lauchzwiebel

**lauern**, er lauert,
auf der Lauer

**laufen**, sie läuft, ich
lief, er ist gelaufen,
der Lauf, die Läufer

**laufend**

die **Lauge**, die Laugen

die **Laune**, die Launen,

**launisch**

die **Laus**, die Läuse

**lauschen**, er lauscht

**laut**, der Laut, lautlos

**läuten**, es läutet,
das laute Geläute

**lauter** (nichts als),
lauter Tiere

die **Lava**, das Lavagestein

die **Lawine**, die Lawinen

**lax** (schlaff)

das **Lazarett**,
die Lazarette

das **Leben**, leben, lebhaft,
lebendig, leblos,
die Lebensmittel,
das Lebewesen

die **Leber**, der Lebertran

der **Lebkuchen**,
die Lebkuchen

**lechzen**, sie lechzt

**leck** (undicht), das Leck

**lecken**, er leckt

**lecker**, die Leckereien

die **LED** (Leuchtdiode)

das **Leder**, ledern

**ledig** (unverheiratet)

**lediglich**

**leer**, die Leere, leeren,
der Leerlauf

die **Leg**|as|the|nie

**le**|gen, sie legt

die **Le**|gen|de,

die Legenden

die **Leg**|gings [Leggins]

der **Lehm**, lehmig

die **Leh**|ne, die Lehnen,

lehnen

der **Leh**|rer, die Lehrer,

die Lehrerin,

die Lehrerinnen,

lehren, die Lehre,

der Lehrling

der **Leib** (Körper),

die Leiber,

Vergleich: → Laib

die **Lei**|che, die Leichen,

der Leichnam

**leicht**, die Leichtigkeit,

der Leichtsinn,

leichtsinnig,

leichtfertig

die **Leicht**|ath|le|tik

**lei**|den, sie leidet,

ich litt, er hat gelitten,

das Leid [Leiden]

die **Lei**|den|schaft,

die Leidenschaften,

leidenschaftlich

**lei**|der

**leid**|tun, es tut mir leid

**lei**|ern, er leiert

**lei**|hen, er leiht,

ich lieh,

sie hat geliehen

der **Leim**, leimen

die **Lei**|ne, die Leinen

das **Lei**|nen,

das Leinentuch

die **Lein**|wand,

die Leinwände

**lei**|se

die **Leis**|te, die Leisten

**leis**|ten, sie leistet,

die Leistung

**lei**|ten, er leitet, die

Leiterin, die Leitung

die **Lei**|ter, die Leitern

die **Lek**|ti|on, die Lektionen

die **Lek**|tü|re, die Lektüren

**len**|ken, sie lenkt, der

Lenker, das Lenkrad,

die Lenkung

der **Lenz** (Frühling)

der **Leo**|pard,

die Leoparden

die **Ler**|che (Vogel),

die Lerchen,

Vergleich: → Lärche

**ler**|nen, sie lernt

lesen, er liest, ich las,
sie hat gelesen,
die Leserin,
leserlich, die Lesung
Lettland, die Letten,
lettisch
letzte, das letzte Mal,
zuletzt, letztens,
der [die, das] Letzte
leuchten, es leuchtet,
der Leuchter,
leuchtend
leugnen, sie leugnet
die Leukämie (Krankheit),
die Leukämien
die Leute, leutselig
der Leutnant,
die Leutnants
[Leutnante]
die Leviten, jemandem
die Leviten lesen
das Lexikon, die Lexika
[Lexiken]
die Libelle, die Libellen
das Licht, die Lichter,
lichterloh,
die Lichtung
das Lid (Augendeckel),
die Lider,
Vergleich: → Lied

die Liebe, der Liebling,
die Liebhaberei
lieben, er liebt, lieb,
liebevoll, lieblich,
liebenswürdig
lieber
Liechtenstein,
die Liechtensteiner
das Lied, die Lieder,
Volkslied,
Vergleich: → Lid
liederlich
liefern, sie liefert,
die Lieferung
liegen, er liegt, es lag,
sie hat gelegen,
die Liege,
der Liegestütz
der Lift, die Lifte [Lifts]
die Liga, die Ligen,
die Bundesliga
der Likör, die Liköre
lila, lilafarbig
die Lilie, die Lilien
die Limonade,
die Limonaden
die Linde, die Linden
lindern, er lindert,
die Linderung
das Lineal, die Lineale

die **Li**nie, die Linien,
  liniert [liniiert],
  linieren [liniieren]
  **links**, linkshändig, das
  linke Ohr, linksherum
das **Li**noleum
die **Lin**se, die Linsen
die **Lip**pe, die Lippen
  **lis**peln, sie lispelt
  **Lis**sabon (Hauptstadt
  von Portugal)
die **List**, die Listen, listig
die **Lis**te, die Listen
  **Li**tauen, litauisch
der [das] **Li**ter [l], die Liter,
  literweise
die **Li**teratur
die **Lit**faßsäule,
  die Litfaßsäulen
  **live** (direkt übertragen),
  die Livesendung
der **Lkw** [LKW] (Lastkraftwa-
  gen), die Lkws [Lkw]
  **lo**ben, er lobt, das Lob
das **Loch**, die Löcher,
  lochen, löcherig
  [löchrig]
die **Lo**cke, die Locken,
  lockig
  **lo**cken, sie lockt

**lo**cker, lockern
der **Lo**denmantel,
  die Lodenmäntel
  **lo**dern, das Feuer
  lodert
der **Löf**fel, die Löffel,
  löffeln, löffelweise
die **Lo**ge (Theaterraum),
  die Logen
die **Lo**gik, logisch
das **Log-in** (Einloggen mit dem
  Computer), die Log-ins
der **Lohn**, die Löhne,
  lohnen
die **Loi**pe (Langlaufspur),
  die Loipen
  **lo**kal (örtlich)
das **Lo**kal, die Lokale
die **Lo**komotive [Lok],
  die Lokomotiven
der **Lol**li, die Lollis
  **Lon**don (Hauptstadt von
  Großbritannien)
der **Lor**beer,
  die Lorbeeren
die **Lo**re, die Loren
  **los**, losfahren,
  losgehen, loslassen,
  loslaufen, losreißen,
  loswerden

das **Los**, die Lose, losen,
  verlosen
  **löschen**, er löscht
  **lose**, der lose Deckel
  **lösen**, sie löst,
  die Lösung, lösbar,
  löslich
das **Lot**, die Lote
  **löten**, er lötet
die **Lotion**, die Lotionen,
  die Körperlotion
der **Lotse**, die Lotsen,
  lotsen
die **Lotterie**, die Lotterien
das **Lotto**, der Lottogewinn
der **Löwe**, die Löwen
der **Löwenzahn**
der **Luchs** (Raubtier),
  die Luchse
die **Lücke**, die Lücken,
  lückenlos, lückenhaft
die **Luft**, die Lüfte, luftig,
  der Luftballon,
  luftdicht
  **lüften**, er lüftet,
  die Lüftung
  **lügen**, sie lügt, ich log,
  er hat gelogen,
  die Lüge, die Lügner
die **Luke**, die Luken,

  die Dachluke
der **Lümmel**, die Lümmel,
  sich lümmeln
der **Lump** (schlechter
  Mensch), die Lumpen
der **Lumpen** (Lappen,
  Fetzen), die Lumpen,
  lumpig, zerlumpt
das **Lunchpaket**
die **Lunge**, die Lungen
  **lungern**, er lungert
die **Lupe**, die Lupen,
  lupenrein
  **lüpfen** [lupfen],
  sie lüpft
der **Lurch**, die Lurche
die **Lust**, die Lüste, lustlos
  **lustig**
  **lutschen**, er lutscht,
  der Lutscher
  **Luxemburg**,
  die Luxemburger,
  luxemburgisch
der **Luxus**, luxuriös
die **Lyrik** (Dichtung), lyrisch

# M

machen, sie macht,
die Abmachung
die **Macht**, die Mächte,
mächtig
die **Macke**, die Macken
das **Mädchen**,
die Mädchen
die **Made**, die Maden,
madig
die **Madonna**,
die Madonnen
**Madrid** (Hauptstadt
von Spanien)
die **Magd**, die Mägde
**Magdeburg**
der **Magen**, die Mägen
[Magen]
mager
der **Magier**, die Magier,
magisch
das **Magma**
der **Magnet**, die Magnete
[Magneten],
magnetisch
mähen, er mäht,
der Rasenmäher

das **Mahl**, die Mähler
[Mahle], die Mahlzeit,
Vergleich: → Mal
mahlen,
sie mahlt Kaffee,
Vergleich: → malen
die **Mähne**, die Mähnen
mahnen, er mahnt,
die Mahnung,
ermahnen
der **Mai**, der Maibaum,
das Maiglöckchen
die **Mailbox**,
die Mailboxen
der **Main** (Fluss)
**Mainz**
der **Mais**, das Maisfeld
die **Majestät**,
majestätisch
der **Major**, die Majore
der **Makel**, die Makel
das **Make-up** (Kosmetik)
die **Makkaroni**
die **Maklerin**, die Makler
mal, einmal, keinmal,
malnehmen,
komm mal!
das **Mal**, die Male, das
erste Mal, jedes Mal,
Vergleich: → Mahl

malen, er malt, die
Maler, die Malerei,
malerisch,
Vergleich: → mahlen
Malta, die Malteser,
maltesisch
das Malz, das Malzbier
die Mama, die Mamas,
Mami
das Mammut,
die Mammuts
[Mammute]
man, man sieht Tiere,
Vergleich: → Mann
der Manager,
die Manager
manch, manche,
mancher, manches
mancherlei
manchmal
die Mandarine,
die Mandarinen
die Mandel, die Mandeln
die Manege,
die Manegen,
die Zirkusmanege
die Mangel (Maschine zum
Glätten von Wäsche),
die Mangeln,
mangeln

der Mangel (Fehler),
die Mängel,
mangelhaft
die Manieren
(Umgangsformen)
der Mann, die Männer,
männlich,
Vergleich: → man
die Mannschaft,
die Mannschaften
der Mantel, die Mäntel
die Mappe, die Mappen
das Märchen, die Märchen
der Marder, die Marder
die Margarine
die Margerite (Blume),
die Margeriten
der Marienkäfer,
die Marienkäfer
die Marine, marineblau
die Marionette,
die Marionetten
die Mark (Geld)
das Mark,
das Knochenmark
die Marke, die Marken,
die Briefmarke
markieren,
sie markiert
die Markise, die Markisen

A
B
C
D
E
F
G
H
I
J
K
L
**M**
N
O
P
Q
R
S
T
U
V
W
X
Y
Z

der **Markt**, die Märkte
die **Marmelade**,
    die Marmeladen
der **Marmor**,
    der Marmorstein
der **Mars** (Planet)
der **Marsch**, die Märsche,
    marschieren
der **Marterpfahl**,
    die Marterpfähle,
    martern
der **März**
das [der] **Marzipan**,
    die Marzipane
die **Masche**, die Maschen
die **Maschine**,
    die Maschinen,
    maschinell
die **Masern** (Kinderkrankheit)
die **Maske**, die Masken,
    maskieren
das **Maskottchen**,
    die Maskottchen
das **Maß**, die Maße,
    das Maßband
die **Masse**, die Massen,
    massig, massenhaft
    **massieren**,
    er massiert,
    die Massage

**mäßig**, mäßigen
**massiv**
die **Maßnahme**,
    die Maßnahmen
der **Maßstab**,
    die Maßstäbe
der **Mast**, die Masten
    [Maste],
    der Schiffsmast
die **Mast** (Mästung von
    Tieren), die Masten,
    mästen
das **Match** (Wettkampf/Spiel),
    die Matchs [Matche]
das **Material**,
    die Materialien
die **Mathematik**,
    mathematisch
die **Matratze**,
    die Matratzen
der **Matrose**,
    die Matrosen
der **Matsch**, matschig
    **matt**, die Mattigkeit
die **Matte**, die Matten
die **Mauer**, die Mauern,
    mauern
das **Maul**, die Mäuler,
    maulen
der **Maulwurf**,

die Maulwürfe
der **Maurer**, die Maurer
die **Maus**, die Mäuse
**maximal**
die **Mayonnaise**
[Majonäse],
die Mayonnaisen
**Mazedonien**,
die Mazedonier,
mazedonisch
die **Mechanikerin**,
die Mechaniker,
mechanisch
**meckern**, sie meckert
**Mecklenburg-**
**Vorpommern**
die **Medaille**,
die Medaillen
die **Medien**
das **Medikament**,
die Medikamente
die **Medizin**,
die Mediziner,
medizinisch
das **Meer**, die Meere,
Vergleich: → mehr
der **Meerrettich**,
die Meerrettiche
das **Meerschweinchen**,
die Meerschweinchen

das **Mehl**, mehlig
**mehr**, mehrere,
mehrmals,
die Mehrheit,
die Mehrzahl,
Vergleich: → Meer
**meiden**, er meidet,
ich mied,
sie hat gemieden
die **Meile**, die Meilen,
meilenweit
**mein**, meine, meiner,
meines
**meinen**, er meint,
die Meinung
**meinetwegen**
die **Meise**, die Meisen
der **Meißel**, die Meißel,
meißeln
**meist**, meistens,
am meisten
der **Meister**, die Meister,
die Meisterschaft,
meistern, meisterhaft
**melden**, sie meldet,
die Meldung
**melken**, er melkt,
die Molkerei
die **Melodie**, die Melodien
die **Melone**, die Melonen

das **Me|mo|ry**, die Memorys
die **Men|ge**, die Mengen
der **Mensch**, die Menschen,
    menschlich,
    die Menschheit
das **Me|nü**, die Menüs
    **mer|ken**, sie merkt
das **Merk|mal**,
    die Merkmale
der **Mer|kur** (Planet)
    **merk|wür|dig**
die **Mes|se**, die Messen
    **mes|sen**, er misst,
    ich maß,
    sie hat gemessen
das **Mes|ser**, die Messer
das **Mes|sing**
das **Me|tall**, die Metalle,
    metallisch
der [das] **Me|te|or**,
    die Meteore
die **Me|te|o|ro|lo|gie**,
    die Meteorologen
der [das] **Me|ter** [m], die
    Meter, meterhoch,
    meterlang
die **Me|tho|de**,
    die Methoden
das **Mett**, die Mettwurst
die **Metz|ge|rin**,

die Metzger,
die Metzgerei
**meu|tern**, sie meutert,
    die Meuterei
**mi|au|en**, der Kater
    miaut
**mich**, ich mag mich
die **Mi|cky|maus**
der **Mief**, miefig
die **Mie|ne** (Gesichtsaus-
    druck), die Mienen,
    Vergleich: → Mine
**mies**, miese Laune
die **Mie|te**, die Mieten,
    die Mieter, mieten
das **Mi|kro|fon** [Mikrophon],
    die Mikrofone
das **Mi|kro|skop**,
    die Mikroskope,
    mikroskopieren
die **Mi|kro|wel|le**
die **Milch**, milchig
    **mild** [milde], die Milde,
    mildern
das **Mi|li|eu**, die Milieus
das **Mi|li|tär**, militärisch
die **Mil|li|ar|de** [Md./Mrd.],
    die Milliarden,
    die Milliardäre
das **Mil|li|gramm** [mg],

50 Milligramm
der [das] **Milliliter** [ml],
  40 Milliliter
der [das] **Millimeter** [mm],
  60 Millimeter
die **Million** [Mill./Mio.],
  die Millionen,
  die Millionäre
die **Milz**
  **minder**, minderjährig,
  die Minderheit,
  minderwertig
**mindestens**
die **Mine** (Stiftmine, Berg-
  werk, Sprengkörper),
  die Minen,
  Vergleich: → Miene
das **Mineral**, die
  Minerale [Mineralien]
**mini**, minimal,
  das Minigolf
der **Minister**, die Minister,
  die Ministerin
die **Ministrantin**,
  die Ministranten
**Minsk** (Hauptstadt
  von Weißrussland)
**minus**,
  das Minuszeichen
die **Minute**,

5 Minuten [5 min]
**mir**, sie schenkt mir
**mischen**, sie mischt,
  die Mischung
**miserabel** (schlecht)
**missachten** → achten,
  die Missachtung
der **Missbrauch**,
  die Missbräuche,
  missbrauchen
der **Misserfolg**,
  die Misserfolge
das **Missgeschick**,
  die Missgeschicke
die **Misshandlung**,
  die Misshandlungen,
  misshandeln
die **Mission**,
  die Missionen
der **Missionar**,
  die Missionare
**missmutig**
das **Misstrauen**,
  misstrauisch,
  misstrauen
das **Missverständnis**, die
  Missverständnisse,
  missverstehen
der **Mist**, der Misthaufen
**mit**, sie kommt mit

A
B
C
D
E
F
G
H
I
J
K
L
M
N
O
P
Q
R
S
T
U
V
W
X
Y
Z

der **Mit**ar**bei**ter,
die Mitarbeiter,
mitarbeiten
**mit**bringen → *bringen*
**mit**ein**an**der
**mit**fahren → *fahren*
**mit**fühlen → fühlen,
das Mitgefühl
**mit**gehen → *gehen*
das **Mit**glied,
die Mitglieder
**mit**helfen → *helfen*,
die Mithilfe
**mit**kommen
→ *kommen*
der **Mit**laut, die Mitlaute
das **Mit**leid, mitleidig
der **Mit**mensch,
die Mitmenschen
**mit**nehmen
→ *nehmen*
die **Mit**schülerin,
die Mitschüler
der **Mit**tag, die Mittage,
mittags, heute Mittag,
am Mittag
die **Mit**te, die Mitten,
mittlere, mitten,
mittendrin,
mittendurch

die **Mit**teilung,
die Mitteilungen,
mitteilen
das **Mit**tel, die Mittel
das **Mit**telalter,
mittelalterlich
das **Mit**telmaß,
mittelmäßig
das **Mit**telmeer
der **Mit**telpunkt,
die Mittelpunkte
die **Mit**ternacht
**mitt**lerweile
der **Mitt**woch, die
Mittwoche, mittwochs,
der Mittwochabend
**mit**unter
**mi**xen, er mixt,
der Mixer
das **Mö**bel, die Möbel,
möblieren
**möch**ten → mögen
die **Mo**de, die Moden,
modern, modisch
das **Mo**dell, die Modelle,
modellieren
der **Mo**der, modern (faulen)
das **Mo**fa, die Mofas
**mo**geln, sie mogelt,
die Mogelei

mögen, er mag, ich
mochte, sie hat
gemocht, ich möchte
möglich,
die Möglichkeit
möglichst
der Mohn
die Möhre, die Möhren,
die Mohrrübe
der Molch, die Molche
Moldawien
[Republik Moldau],
die Moldauer,
moldauisch
die Mole, die Molen
die Molkerei,
die Molkereien
mollig
der Moment, die
Momente, momentan
Monaco,
die Monegassen,
monegassisch
der Monat, die Monate,
monatlich
der Mönch, die Mönche
der Mond, die Monde
die Moneten (Geld)
der Monitor, die Monitore
das Monster, die Monster

der Montag, die Montage,
montags,
der Montagmorgen
Montenegro,
die Montenegriner,
montenegrinisch
der Monteur, die
Monteure, montieren,
die Montage
das Moor, die Moore,
moorig
das Moos, die Moose,
moosig
das Moped, die Mopeds
der Mops, die Möpse
die Moral, moralisch
der Morast, morastig
der Mord, die Morde,
morden, die Mörder
morgen, morgens,
bis morgen,
morgen früh
der Morgen, die Morgen,
am Morgen,
heute Morgen,
guten Morgen
morsch
morsen, sie morst,
das Morsealphabet
der Mörtel

das **Mosaik**, die Mosaiken
[Mosaike]
die **Moschee**,
die Moscheen
die **Mosel** (Fluss)
**Moskau** (Hauptstadt
von Russland)
der **Moslem**, die Moslems
der **Most**, die Moste,
mosten
das **Motiv**, die Motive
der **Motor**, die Motoren
das **Motorrad**,
die Motorräder
die **Motte**, die Motten
das **Motto**, die Mottos
**motzen**, sie motzt
das **Mountainbike**
(Geländefahrrad),
die Mountainbikes
die **Möwe**, die Möwen
das **MP3**, die MP3s,
der MP3-Player
die **Mücke**, die Mücken
**mucksmäuschenstill**
**müde**, die Müdigkeit
die **Mühe**, die Mühen,
mühsam
die **Mühle**, die Mühlen
die **Mulde**, die Mulden

der **Müll**, die Müllabfuhr,
die Mülldeponie
die **Mullbinde**,
die Mullbinden
der **Müller**, die Müller
**multiplizieren**,
er multipliziert,
die Multiplikation
die **Mumie**, die Mumien
der [die] **Mumps** (Krankheit)
**München**
der **Mund**, die Münder,
mündlich
die **Mundharmonika**,
die Mundharmonikas
die **Mündung**, die
Mündungen, münden
die **Munition**,
die Munitionen
**munkeln**, er munkelt
**munter**, die Munterkeit
die **Münze**, die Münzen
**mürbe** [mürb]
die **Murmel**, die Murmeln
**murmeln**, er murmelt
das **Murmeltier**,
die Murmeltiere
**murren**, sie murrt,
mürrisch
das [der] **Mus**,

das Apfelmus
die **Mu**|schel, die Muscheln
das **Mu**|se|um, die Museen
das **Mu**|si|cal, die Musicals
die **Mu**|sik, musizieren, die
Musiker, musikalisch
der **Mus**|kel, die Muskeln,
muskulös
das **Müs**|li
der **Mus**|lim [Moslem]
(Anhänger des Islams),
die Muslime
[Muslims], die
Muslimin [Muslima],
muslimisch
die **Mu**|ße, müßig
müs|sen, er muss,
ich musste,
sie hat gemusst
das **Mus**|ter, die Muster,
mustern
der **Mut**, mutig, mutlos,
mutwillig
die **Mut**|ter (Schraubenteil),
die Muttern
die **Mut**|ter, die Mütter,
mütterlich
die **Müt**|ze, die Mützen
die **Myr**|rhe [Myrre]
(aromatisches Harz)

# N

die **Na**|be (vom Rad),
die Naben
der **Na**|bel, die Nabel
**nach**, nach Hause
[nachhause]
**nach**|ah|men,
er ahmt sie nach
die **Nach**|ba|rin,
die Nachbarn,
die Nachbarschaft
**nach**|dem, je nachdem
**nach**|den|ken
→ *denken*,
nachdenklich
**nach**|ein|an|der
die **Nach**|er|zäh|lung,
die Nacherzählungen
der **Nach**|fol|ger,
die Nachfolger
**nach**|ge|ben → *geben*,
nachgiebig
**nach**|her,
im Nachhinein
die **Nach**|hil|fe
der **Nach**|kom|me,
die Nachkommen

A
B
C
D
E
F
G
H
I
J
K
L
**M**
**N**
O
P
Q
R
S
T
U
V
W
X
Y
Z

nachlässig,
die Nachlässigkeit
der Nachmittag,
die Nachmittage,
nachmittags
der Nachname,
die Nachnamen
die Nachricht,
die Nachrichten
nachschlagen
→ *schlagen*
der Nachschub,
Nachschübe
die Nachsicht,
nachsichtig,
nachsehen
die Nachspeise,
die Nachspeisen
nächst, nächster,
am nächsten,
der nächste Tag,
der Nächste,
nächstens
die Nacht, die Nächte,
heute Nacht, nachts,
nächtlich
der Nachteil, die
Nachteile, nachteilig
die Nachtigall,
die Nachtigallen

der Nachtisch,
die Nachtische
der Nachtrag,
die Nachträge,
nachträglich
nachtragend
der Nachttisch,
die Nachttische
nachweisen
→ *weisen*,
der Nachweis,
nachweislich
der Nachwuchs
die Nachzüglerin,
die Nachzügler
der Nacken, die Nacken
nackt [nackend]
die Nadel, die Nadeln,
nadeln
der Nagel, die Nägel,
nageln
nagen, er nagt,
das Nagetier
nahe [nah], näher, am
nächsten, die Nähe,
sich nähern, nahezu
nähen, sie näht
die Nahrung, nähren,
die Nahrungsmittel,
nahrhaft, ernähren

die **Naht**, die Nähte
**naiv**, die Naivität
der **Name** [Namen],
   die Namen
**nämlich**
der **Napf**, die Näpfe
die **Narbe**, die Narben
die **Narkose**,
   die Narkosen
der **Narr**, die Narren,
   närrisch
die **Narzisse**,
   die Narzissen
**naschen**, er nascht
die **Nase**, die Nasen,
   das Näschen,
   das Nashorn
**naseweis**
**nass**, nasser [nässer],
   am nassesten
   [nässesten], nass
   machen, die Nässe
die **Nation**, die Nationen
**national**, die
   Nationalmannschaft
die **Natter**, die Nattern
die **Natur**, natürlich
der **Nebel**, die Nebel,
   neblig [nebelig]
**neben**, nebenher,

**nebst**, nebenan,
   nebeneinander
die **Nebensache**,
   die Nebensachen,
   nebensächlich
der **Neckar** (Fluss)
**necken**, sie neckt
der **Neffe**, die Neffen
**negativ** (verneinend)
das **Negativ** (vom Film),
   die Negative
**nehmen**, er nimmt,
   ich nahm, sie hat
   genommen, nimm!
der **Neid**, neidisch, neiden
**neigen**, sie neigt,
   die Neigung
**nein**, Nein [nein] sagen
der **Nektar** (Blütensaft)
die **Nektarine**,
   die Nektarinen
die **Nelke**, die Nelken
**nennen**, er nennt,
   ich nannte,
   sie hat genannt
das **Neon**, das Neonlicht
der **Neptun** (Planet)
der **Nerv**, die Nerven,
   nervig
**nervös**, die Nervosität

die **Nessel**, die Nesseln
das **Nest**, die Nester
**nett**, netter,
am nettesten,
die Nettigkeit
**netto**, der Nettopreis
das **Netz**, die Netze
**neu**, etwas Neues,
die Neuigkeit,
neuerdings
die **Neugier** [Neugierde],
neugierig
das **Neujahr**
**neulich**
**neun**, neunzehn,
neunzig, neunmal,
neun Uhr, die Neun,
der Neuner
**neutral**, die Neutralität
**nicht**,
der Nichtschwimmer
die **Nichte**, die Nichten
**nichts**, gar nichts
**nicken**, sie nickt
**nie**, nie mehr,
nie wieder
**nieder**,
die Niederlage,
niedergeschlagen
die **Niederlande**,

die Niederländer,
niederländisch
**Niedersachsen**,
die Niedersachsen,
niedersächsisch
der **Niederschlag**,
die Niederschläge
die **Niedertracht**,
niederträchtig
**niedlich**
**niedrig**, die Niederung
**niemals**
**niemand**, niemanden
die **Niere**, die Nieren
**nieseln**, es nieselt,
der Nieselregen
**niesen**, er niest
die **Niete**, die Nieten
der **Nikolaus**,
die Nikolause
das **Nikotin**
das **Nilpferd**, die Nilpferde
**nimmer** (nicht mehr)
**nippen**, sie nippt
**nirgends**, nirgendwo
die **Nische**, die Nischen
**nisten**, er nistet
das **Niveau**, die Niveaus
die **Nixe**, die Nixen
**nobel** (edel)

noch, noch einmal,
nochmals
der Nomade,
die Nomaden
das Nomen,
die Nomen [Nomina]
der Nominativ (1. Fall,
Wer- oder was-Fall)
die Nonne, die Nonnen
der Nonsens (Unsinn)
nonstop (ohne Pause)
der Norden, nördlich,
der Nordpol
Nordrhein-Westfalen,
die Nordrhein-
Westfalen,
nordrhein-westfälisch
die Nordsee
nörgeln, sie nörgelt,
die Nörgelei
normal, die Normalität
Norwegen,
die Norweger,
norwegisch
die Not, die Nöte,
der Notruf
die Note, die Noten
notieren, er notiert
nötig, die Nötigung
die Notiz, die Notizen

notwendig,
die Notwendigkeit
der November
der [das] Nu (sehr schnell),
im Nu
nüchtern
nuckeln, sie nuckelt,
der Nuckel
die Nudel, die Nudeln
der [das] Nugat [Nougat]
null, null Grad,
die Null, die Nullen
die Nummer,
die Nummern,
nummerieren,
die Nummerierung
nun, von nun an,
nunmehr
nur
nuscheln, er nuschelt
die Nuss, die Nüsse
die Nüster, die Nüstern
der Nutzen
nützen [nutzen],
sie nützt [nutzt]
nützlich
das Nylon,
der Nylonstrumpf

# O

die **Oase**, die Oasen
**ob**, obgleich
die **Obacht**,
  Obacht geben
**obdachlos**
die **O-Beine**, o-beinig
**oben**, obere, oberhalb
der **Ober** (Kellner), die Ober
die **Oberfläche**,
  die Oberflächen,
  oberflächlich
das **Oberhaupt**,
  die Oberhäupter
**obgleich**
das **Objekt**, die Objekte
die **Oblate**, die Oblaten
die **Oboe**, die Oboen
das **Obst**
**obwohl**
der **Ochse** [Ochs],
  die Ochsen
**ocker**, ockerfarbig
**öd** [öde]
**oder**
die **Oder** (Fluss)
der **Ofen**, die Öfen

**offen**, offensichtlich,
  die Offenheit
**öffentlich**,
  die Öffentlichkeit
**offiziell**
der **Offizier**, die Offiziere
**öffnen**, er öffnet,
  die Öffnung
**oft**, öfter, öfters,
  oftmals
**ohne**, ohne Weiteres,
  ohnedies
die **Ohnmacht**,
  die Ohnmachten,
  ohnmächtig
das **Ohr**, die Ohren,
  der Ohrring,
  ohrenbetäubend
**okay** [o.k. oder O.K.]
die **Ökologie**, ökologisch
der **Oktober**
das **Öl**, die Öle, ölen, ölig
die **Olive**, die Oliven
die **Olympiade**,
  die Olympiaden,
  die Olympischen
  Spiele, olympisch
die **Oma**, die Omas, Omi
das **Omelett**, die Omelette
  [Omeletts]

der **Omnibus**,
 die Omnibusse
der **Onkel**, die Onkel
 **online** (Computerbegriff)
der **Opa**, die Opas, Opi
 **Open-Air-Konzert**
die **Oper**, die Opern
die **Operation**,
 die Operationen,
 operieren
die **Operette**,
 die Operetten
das **Opfer**, die Opfer,
 opfern
die **Optik**, die Optikerin
 **optimal** (bestmöglich)
der **Optimismus**,
 der Optimist,
 optimistisch
 **orange** (Farbe)
die **Orange**, die Orangen
der **Orang-Utan** (Menschen-
 affe), die Orang-Utans
das **Orchester**,
 die Orchester
der **Orden**, die Orden
 **ordentlich**
 **ordnen**, sie ordnet,
 die Ordnung
der **Ordner**, die Ordner

das **Organ**, die Organe
die **Organisation**,
 die Organisationen,
 organisieren
die **Orgel**, die Orgeln,
 der Organist
der **Orient**, orientalisch
sich **orientieren**,
 er orientiert sich,
 die Orientierung
das **Original**, die
 Originale, originell
der **Orkan** (starker Sturm),
 die Orkane
der **Ort**, die Orte,
 die Ortschaft, örtlich
die **Orthografie**
 [Orthographie]
 (Rechtschreibung)
die **Öse**, die Ösen
 **Oslo** (Hauptstadt
 von Norwegen)
der **Osten**, östlich
 **Ostern**, österlich
 **Österreich**,
 die Österreicher,
 österreichisch
die **Ostsee**
der **Otter**, die Otter
 **oval** (eirund), das Oval

A
B
C
D
E
F
G
H
I
J
K
L
M
N
O
P
Q
R
S
T
U
V
W
X
Y
Z

A
B
C
D
E
F
G
H
I
J
K
L
M
N
O
P
Q
R
S
T
U
V
W
X
Y
Z

der **Overall** (einteiliger Anzug), die Overalls

der **Overheadprojektor**, die Overheadprojektoren

der **Ozean**, die Ozeane

der [das] **Ozon**, das Ozonloch

ein **paar** (einige), ein paar Steine, ein paarmal [paar Mal]

das **Paar** (zwei), ein Paar Socken

die **Pacht**, die Pächterin, pachten

**packen**, sie packt, die Packung

**paddeln**, er paddelt, das Paddelboot

das **Paket**, die Pakete, das Päckchen

der **Palast**, die Paläste

die **Palette**, die Paletten

die **Palme**, die Palmen, der Palmsonntag

die **Pampelmuse**, die Pampelmusen

der **Pandabär**, die Pandabären

**panieren**, er paniert, das Paniermehl

die **Panik**, panisch

die **Panne**, die Pannen

das **Panorama** (Rundblick)

der **Panther** [Panter], die Panther

der **Pantoffel**, die Pantoffeln

die **Pantomime** (Darstellen von Szenen ohne Worte)

der **Panzer**, die Panzer

der **Papa**, die Papas, Papi

der **Papagei**, die Papageien

das **Papier**, die Papiere

die **Pappe**, die Pappen, das Pappmaschee

die **Pappel**, die Pappeln

**pappig**, pappen

der [die] **Paprika**, die Paprikas

der **Papst**, die Päpste

das **Paradies**,

die Paradiese,
paradiesisch
der **Paragraf**
[§, Paragraph],
die Paragrafen
**parallel**, die Parallele
der **Parasit**, die Parasiten
**parat** (bereit, fertig)
das **Pärchen**, die Pärchen
der **Parcours** (Hindernis-
bahn), die Parcours
das **Parfüm**, die Parfüms
**parieren**, er pariert
**Paris** (Hauptstadt von
Frankreich)
der **Park**, die Parks
**parken**, sie parkt,
der Parkplatz
das **Parkett**, die Parkette
[Parketts]
das **Parlament**,
die Parlamente,
parlamentarisch
die **Parole**, die Parolen
die **Partei**, die Parteien,
parteiisch
das **Parterre** (Erdgeschoss)
der **Partner**, die Partner,
die Partnerin
die **Party**, die Partys

der **Pass**, die Pässe
die **Passage** (Durchgang),
die Passagen
der **Passagier**,
die Passagiere
der **Passant** (Fußgänger),
die Passanten
**passen**, es passt
**passieren**, es passiert
**passiv**, die Passivität
die **Pasta** (Nudeln)
die **Paste**, die Pasten,
die Zahnpasta
die **Pastete**, die Pasteten
die **Pastorin**, die
Pastoren, der Pastor
der **Pate**, die Paten,
die Patenschaft
das **Patent**, die Patente,
patent sein
der **Pater**,
die Pater [Patres]
der **Patient**, die Patienten
die **Patrone**, die Patronen
der **Patzer**, die Patzer
die **Pauke**, die Pauken
die **Pause**, die Pausen,
pausieren, pausenlos
**pausen**, sie paust,
das Pauspapier

der **Pavian**, die Paviane
der **Pavillon**, die Pavillons
der **Pazifik**
   [Pazifischer Ozean]
der **PC**, die PCs [PC]
   [Personalcomputer]
das **Pech**
das **Pedal**, die Pedale
der **Pegel**, die Pegel
**peilen**, er peilt
die **Pein**, peinigen,
   der Peiniger
**peinlich**
die **Peitsche**, die
   Peitschen, peitschen
die **Pelle**, die Pellen,
   pellen
der **Pelz**, die Pelze, pelzig
das **Pendel**, die Pendel,
   pendeln,
   die Pendlerin
der **Penis**, die Penisse
die **Pension**,
   die Pensionen
**perfekt**, die Perfektion
das **Pergament**,
   das Pergamentpapier
die **Periode**, die Perioden
die **Perle**, die Perlen,
   perlen

die **Person**, die Personen,
   persönlich,
   das Personal,
   die Persönlichkeit
die **Perücke**,
   die Perücken
der **Pessimismus**,
   die Pessimistin,
   pessimistisch
die **Pest** (Krankheit, Seuche)
die **Petersilie**,
   die Petersilien
das **Petroleum**
**petzen**, sie petzt
der **Pfad**, die Pfade,
   die Pfadfinder
der **Pfahl**, die Pfähle
die **Pfalz**, die Pfälzer,
   pfälzisch
das **Pfand**, die Pfänder,
   pfänden
die **Pfanne**, die Pfannen,
   der Pfannkuchen
die **Pfarrerin**, die Pfarrer,
   der Pfarrer,
   die Pfarrei
der **Pfau**, die Pfaue
   [Pfauen]
der **Pfeffer** (Gewürz),
   pfeffern

A
B
C
D
E
F
G
H
I
J
K
L
M
N
O
P
Q
R
S
T
U
V
W
X
Y
Z

die **Pfeffer**minze
die **Pfeife**, die Pfeifen
**pfeifen**, er pfeift, ich
pfiff, sie hat gepfiffen
der **Pfeil**, die Pfeile
der **Pfeiler**, die Pfeiler
der **Pfennig** [Pf.],
65 Pfennige
das **Pferd**, die Pferde
der **Pfiff**, die Pfiffe
der **Pfifferling**,
die Pfifferlinge
**pfiffig**
**Pfingsten**
der **Pfirsich**, die Pfirsiche
die **Pflanze**, die Pflanzen,
das Pflänzchen,
pflanzen
das **Pflaster**, die Pflaster,
pflastern
die **Pflaume**,
die Pflaumen
**pflegen**, sie pflegt, die
Pflege, der Pfleger
die **Pflicht**, die Pflichten,
pflichtbewusst
**pflücken**, er pflückt
der **Pflug**, die Pflüge,
den Acker pflügen
die **Pforte**, die Pforten,

die Pförtnerin
der **Pfosten**, die Pfosten
die **Pfote**, die Pfoten,
das Pfötchen
der **Pfropfen**, die Pfropfen,
aufpfropfen
**pfui!**
das **Pfund** [Pfd.],
die Pfunde
**pfuschen**, sie pfuscht,
der Pfusch,
die Pfuscherei
die **Pfütze**, die Pfützen
die **Phantasie** → Fantasie
das **Phantom**,
die Phantome
der **Philosoph**,
die Philosophen,
philosophieren
die **Physik**, physikalisch
die **Pianistin**,
die Pianisten,
das Piano
der **Pickel**, die Pickel
**picken**, es pickt
das **Picknick**, die
Picknicke [Picknicks],
picknicken
**piepen**, es piept
**piepsen**, es piepst

pier|cen, sie pierct,
das Piercing

pi|kant (scharf)

pi|ken [piksen],
es pikt [pikst]

die Pil|le, die Pillen

der Pi|lot, die Piloten

der Pilz, die Pilze

der Pin|gu|in, die Pinguine

pink (rosa)

die Pinn|wand,
die Pinnwände

der Pin|sel, die Pinsel,
pinseln

die Pin|zet|te,
die Pinzetten

die Pi|ra|tin, die Piraten

pir|schen, er pirscht,
anpirschen,
die Pirsch

die Pis|te, die Pisten

die Pis|to|le, die Pistolen

pitsch|nass

die Piz|za, die Pizzas
[Pizzen], die Pizzeria

der Pkw [PKW]
(Personenkraftwagen),
die Pkws [Pkw]

die Pla|ge, die Plagen,
plagen

das Pla|kat, die Plakate,
plakatieren

die Pla|ket|te,
die Plaketten

der Plan, die Pläne,
planen, planmäßig

die Pla|ne (Decke),
die Planen

der Pla|net, die Planeten

pla|nie|ren, er planiert,
die Planierraupe

die Plan|ke, die Planken

plan|schen
[plantschen],
sie planscht,
das Planschbecken

die Plan|ta|ge,
die Plantagen

plap|pern, er plappert

plär|ren, sie plärrt

das Plas|tik (Kunststoff),
die Plastiktüte

das Plas|ti|lin (Knetmasse)

plät|schern,
es plätschert

platt, plätten,
der Plattfuß

das Platt (Dialekt)

die Plat|te, die Platten

der Platz, die Plätze,

das Plätzchen
platzen, er platzt
plaudern, sie plaudert,
die Plauderei
plausibel
das Play-back [Playback]
pleite, er ist pleite,
die Pleite
die Plombe (Zahnfüllung),
die Plomben,
plombieren
plötzlich
plump
plumpsen, er plumpst
der Plunder
plündern, sie plündert,
die Plünderung,
die Plünderer
der Plural (Mehrzahl)
plus, das Pluszeichen
der Pluto (Zwergplanet)
pochen, es pocht
die Pocke, die Pocken
das Podest, die Podeste
die Poesie (Dichtung),
das Poesiealbum,
poetisch
der Pokal, die Pokale
der Pol, die Pole,
der Südpol

Polen, die Polen,
polnisch
polieren, er poliert,
die Politur
die Politesse,
die Politessen
die Politik, die Politiker,
politisch
die Polizei, polizeilich
der Polizist,
die Polizisten,
die Polizistin
der Pollen (Blütenstaub),
die Pollen
das Polster, die Polster,
polstern
poltern, sie poltert,
der Polterabend
die Pommes frites
[Pommes]
das Pony, die Ponys
der Pool (Schwimmbecken),
die Pools
das Popcorn
die Popmusik,
die Popstars
der Popo [Po], die Popos
populär (beliebt)
die Pore, die Poren, porös
das Portal, die Portale

das **Porte**mon**naie** (Geld-
beutel) [Portmonee],
die Portemonnaies

der **Por**ti**er** (Pförtner),
die Portiers

die **Por**ti**on**, die Portionen

das **Por**to, die Portos
[Porti], Briefporto

das **Por**trät, die Porträts

**Por**tu**gal**,
die Portugiesen,
portugiesisch

das **Por**zel**lan**,
die Porzellane

die **Po**sau**ne**,
die Posaunen

**po**si**tiv**

die **Post**, der Postbote,
die Postleitzahl

der **Pos**ten, die Posten

das [der] **Pos**ter,
die Poster [Posters]

**Pots**dam

die **Pracht**, prächtig

das **Prä**di**kat**,
die Prädikate

**Prag** (Hauptstadt der
Tschechischen Republik)

**prä**gen, er prägt

**prah**len, sie prahlt

**prak**tisch,
das Praktikum

die **Pra**li**ne**, die Pralinen

**prall**, der pralle Sack

**pral**len, er prallt,
der Aufprall

die **Prä**mie, die Prämien

die **Pran**ke, die Pranken

die **Prä**po**si**ti**on**
(Verhältniswort),
die Präpositionen

die **Prä**rie, die Prärien

das **Prä**sens (Gegenwart)

der **Prä**si**dent**,
die Präsidenten,
die Präsidentin

**pras**seln, es prasselt

das **Prä**te**ri**tum
(Vergangenheit)

die **Pra**xis, die Praxen,
die Arztpraxis

**prä**zis [präzise]

**pre**di**gen**, er predigt,
die Predigt

der **Preis**, die Preise,
preiswert

die **Prei**sel**bee**re,
die Preiselbeeren

**prel**len, sie prellt,
die Prellung

die **Premiere**,
die Premieren
die **Presse**
**pressen**, er presst
**prickeln**, es prickelt,
prickelnd
der **Priester**, die Priester,
die Priesterin
**prima**
die **Primel**, die Primeln
**primitiv** (einfach)
die **Prinzessin**,
die Prinzessinnen,
der Prinz
das **Prinzip**, die Prinzipien
**privat**
**pro**, pro Stück
die **Probe**, die Proben,
proben
**probieren**, sie probiert
das **Problem**,
die Probleme,
problematisch
das **Produkt**, die Produkte,
die Produktion,
produzieren
die **Professorin**,
die Professoren,
der Professor
der **Profi**, die Profis

das **Profil**, die Profile
das **Programm**,
die Programme,
programmieren
das **Projekt**, die Projekte
der **Projektor**,
die Projektoren,
projizieren
**prominent**
**prompt** (sofort)
das **Pronomen**,
die Pronomen
der **Propeller**,
die Propeller
der **Prophet**,
die Propheten,
prophezeien
(voraussagen)
**prosit!** [prost!]
der [das] **Prospekt**,
die Prospekte
der **Protest**, die Proteste,
protestieren
der **Protestant**,
die Protestanten,
protestantisch
die **Prothese**,
die Prothesen
das **Protokoll**,
die Protokolle

protzen, er protzt

der Proviant (Verpflegung)

die Provinz, die Provinzen

das Prozent [%],
die Prozente

der Prozess, die Prozesse

die Prozession,
die Prozessionen

prüfen, sie prüft,
die Prüfung

prügeln, er prügelt,
die Prügel,
die Prügelei

der Prunk, prunkvoll

prusten, sie prustet

der Psalm, die Psalmen

die Pubertät

das Publikum

der Pudding,
die Puddinge
[Puddings]

der Pudel, die Pudel,
pudelwohl,
pudelnass

der [das] Puder,
die Puder, pudern

der Puffer, die Puffer

der Pulli, die Pullis

der Pullover, die Pullover

der Puls, die Pulse,

pulsieren

das Pult, die Pulte

das Pulver, die Pulver

der Puma, die Pumas
pummelig [pummlig]

die Pumpe, die Pumpen,
pumpen

der Punkt, die Punkte
pünktlich,
die Pünktlichkeit

die Pupille, die Pupillen

die Puppe, die Puppen,
das Püppchen
pur (rein, unverfälscht)

das Püree, die Pürees
purzeln, sie purzelt
pusten, er pustet,
die Puste

die Pute, die Puten
putzen, sie putzt,
das Putzmittel,
der Putz
putzig (drollig)

das Puzzle (Legespiel),
die Puzzles, puzzeln

der Pyjama, die Pyjamas

die Pyramide,
die Pyramiden

# Qu

der **Qua**der, die Quader
das **Quad**rat,
    die Quadrate,
    quadratisch
    qua**ken**, er quakt
    quä**len**, sie quält,
    die Qual, quälend
die **Qua**li**fi**ka**ti**on,
    die Qualifikationen,
    qualifizieren
die **Qua**li**tät**, die
    Qualitäten, qualitativ
die **Qual**le, die Quallen
der **Qualm**, qualmen
der **Quark**
das **Quar**tal, die Quartale
das **Quar**tett, die Quartette
das **Quar**tier, die Quartiere
der **Quarz**, die Quarze,
    der Quarzstein
    quas**seln**, er quasselt
der **Quatsch**, quatschen
das **Queck**sil**ber**
die **Quel**le, die Quellen
    quel**len**, es quillt,
    es quoll,

es ist gequollen
quen**geln**,
    sie quengelt
**quer**, der Querschnitt,
    die Querflöte,
    querfeldein
quet**schen**,
    er quetscht,
    die Quetschung
**quick**le**ben**dig
quie**ken** [quieksen],
    es quiekt [quiekst]
quiet**schen**,
    es quietscht
der **Quirl**, die Quirle,
    quirlen, quirlig
die **Quit**te, die Quitten
die **Quit**tung,
    die Quittungen,
    quittieren, quitt sein
das **Quiz**, die Quiz,
    die Quizshow
die **Quo**te, die Quoten
der **Quo**ti**ent**,
    die Quotienten

A
B
C
D
E
F
G
H
I
J
K
L
M
N
O
P
Q
R
S
T
U
V
W
X
Y
Z

# R

der **Rabatt**, die Rabatte
der **Rabauke**,
   die Rabauken
der **Rabbiner**,
   die Rabbiner
der **Rabe**, die Raben
   **rabiat** (wütend, grob)
die **Rache**, rächen,
   der Rächer
der **Rachen**, die Rachen
das **Rad**, die Räder,
   die Radfahrer,
   Rad fahren,
   Vergleich: → Rat
das [der] **Radar**
der **Radau** (Lärm, Krach)
   **radieren**, sie radiert,
   der Radierer,
   der Radiergummi
das **Radieschen**,
   die Radieschen
   **radikal**
das **Radio**, die Radios
die **Radioaktivität**,
   radioaktiv
der **Radius**, die Radien

**raffen**, er rafft,
   raffgierig
**raffiniert**,
   die Raffinesse
**ragen**, es ragt
der **Rahm** (Sahne)
der **Rahmen**, die Rahmen,
   rahmen, einrahmen
die **Rakete**, die Raketen
die **Rallye** [Rally],
   die Rallyes [Rallys]
der **Ramadan** (Fastenmonat
   der Moslems)
   **rammen**, sie rammt
die **Rampe**, die Rampen
   **ramschen**, er ramscht,
   der Ramsch
der **Rand**, die Ränder
   **randalieren**,
   sie randaliert
der **Rang**, die Ränge
   **rangeln**, sie rangelt,
   die Rangelei
   **rangieren**, er rangiert,
   die Rangierlok
   **rank** (schlank)
die **Ranke**, die Ranken,
   ranken
der **Ranzen**, die Ranzen
   **ranzig**, ranziges Öl

der **Rap** (Sprechgesang),
die Raps, die Rapper
**rapid** [rapide]
(sehr schnell)

der **Rappe**, die Rappen

der **Raps**, das Rapsöl
**rar** (selten), die Rarität
**rasant** (sehr schnell)
**rasch**, rascher,
am raschesten
**rascheln**, er raschelt
**rasen**, sie rast, rasend

der **Rasen**, die Rasen,
der Rasenmäher
**rasieren**, er rasiert,
der Rasierapparat
**raspeln**, sie raspelt,
die Raspel (Werkzeug)

die **Rasse**, die Rassen
**rasseln**, er rasselt,
die Rassel
**rasten**, sie rastet, die
Rast, die Raststätte

der **Rat**, die Ratschläge,
das Rathaus,
Vergleich: → Rad

die **Rate** (Teilzahlung),
die Raten
**raten**, er rät, ich riet,
sie hat geraten,

**ratsam**

die **Ration** (Anteil),
die Rationen

das **Rätsel**, die Rätsel,
rätseln

die **Ratte**, die Ratten
**rattern**, sie rattert
**rau**, rauer, am
rauesten [rausten],
der Raureif

der **Raub**, rauben, die
Räuber, das Raubtier

der **Rauch**, rauchen,
die Raucher, rauchig
**räuchern**, sie räuchert
**rauf**, herauf
**raufen**, er rauft,
die Rauferei

der **Raum**, die Räume,
die Raumfahrt,
das Raumschiff
**räumen**, sie räumt

das **Raunen**, raunen

die **Raupe**, die Raupen
**raus**, heraus

der **Rausch**, die Räusche,
das Rauschgift
**rauschen**, es rauscht

sich **räuspern**,
er räuspert sich

A
B
C
D
E
F
G
H
I
J
K
L
M
N
O
P
Q
**R**
S
T
U
V
W
X
Y
Z

die **Ra|vi|o|li** (Nudelgericht)

die **Raz|zia**, die Razzien

**re|agie|ren**, sie
reagiert, die Reaktion

**re|al**, die Realität

die **Re|al|schu|le**,
die Realschulen

die **Re|be**, die Reben

der **Re|chen** (Harke),
die Rechen, rechen

**rech|nen**, er rechnet,
die Rechnung

**recht**, erst recht,
das ist mir recht

das **Recht**, die Rechte,
die Rechtsanwältin

das **Recht|eck**,
die Rechtecke,
rechteckig

**recht|fer|ti|gen**,
er rechtfertigt,
die Rechtfertigung

**rechts**, rechtshändig,
das rechte Ohr,
rechtsherum

die **Recht|schrei|bung**

**recht|zei|tig**

das **Reck**, die Recke
[Recks]

**re|cken**, sie reckt sich

das **Re|cy|cling**
(Wiederverwertung)

die **Re|de**, die Reden,
reden

**red|lich**,
die Redlichkeit

das **Re|fe|rat**, die Referate

**re|flek|tie|ren**,
es reflektiert

die **Re|form**,
die Reformen,
die Reformation,
reformieren

der **Re|frain** (Kehrreim),
die Refrains

das **Re|gal**, die Regale

die **Re|gat|ta**, die Regatten

**re|ge**, geistig rege sein

die **Re|gel**, die Regeln,
die Regelung,
regelmäßig,
regelrecht

**re|gen**, er regt sich,
die Regung

der **Re|gen**, regnen,
der Regenmantel,
regnerisch

die **Re|gie|rung**,
die Regierungen,
regieren

der **Regisseur**,
die Regisseure,
die Filmregisseurin

das **Reh**, die Rehe,
der Rehbock,
das Rehkitz

die **Reha** (Rehabilitation),
die Rehas

**reiben**, sie reibt, ich
rieb, er hat gerieben,
die Reibung

**reich**, der Reichtum,
die Reichen,
reichlich, reichhaltig

das **Reich**, die Reiche,
das Königreich

**reichen**, er reicht den
Teller, es reicht ihr,
ausreichen

**reif**, reifes Obst, reifen,
die Reife

der **Reif**, der Raureif

der **Reif**, die Reife,
der Armreif

der **Reifen**, die Reifen

der **Reigen**, die Reigen

die **Reihe**, die Reihen,
reihen, reihum,
die Reihenfolge

der **Reim**, die Reime,

reimen

**rein**, reinigen,
die Reinheit,
die Reinigung

**rein**, herein

der **Reis**, das Reiskorn

**reisen**, sie reist,
die Reise

das **Reisig**

**reißen**, er reißt, ich
riss, sie hat gerissen,
der Reißverschluss,
der Riss

**reiten**, sie reitet,
ich ritt, er ist [hat]
geritten, die Reiterin

**reizen**, er reizt,
reizend, der Reiz,
gereizt

sich **rekeln** [räkeln],
sie rekelt sich

die **Reklame**,
die Reklamen

**reklamieren**,
er reklamiert,
die Reklamation

der **Rekord**, die Rekorde

der **Rekorder** [Recorder],
die Rekorder,
der DVD-Rekorder

A
B
C
D
E
F
G
H
I
J
K
L
M
N
O
P
Q
R
S
T
U
V
W
X
Y
Z

der **Rektor**, die Rektoren,
die Rektorin
**relativ** (vergleichsweise)
die **Religion**, die
Religionen, religiös
die **Reling**, die Relings
die **Reliquie**, die Reliquien
**rempeln**, er rempelt,
die Rempelei
**rennen**, sie rennt, ich
rannte, er ist gerannt,
das Rennen
**renovieren**,
er renoviert,
die Renovierung
die **Rente**, die Renten,
die Rentner
das **Rentier**, die Rentiere
sich **rentieren**,
es rentiert sich
**reparieren**,
sie repariert,
die Reparatur
die **Reporterin**,
die Reporter,
die Reportage
das **Reptil**, die Reptilien
die **Republik**,
die Republiken
die **Reserve**,

die Reserven
**reservieren**,
er reserviert
der **Respekt**, respektieren
der **Rest**, die Reste
das **Restaurant**,
die Restaurants
das **Resultat**,
die Resultate
**retten**, sie rettet, die
Retter, die Rettung
der **Rettich**, die Rettiche
die **Reue**, bereuen,
reumütig
das **Revier**, die Reviere
die **Revolution**,
die Revolutionen,
die Revolutionäre
der **Revolver**,
die Revolver
**Reykjavík** (Hauptstadt
von Island)
das **Rezept**, die Rezepte
der **Rhabarber**
der **Rhein** (Fluss)
das **Rheinland**,
die Rheinländer,
rheinländisch
**Rheinland-Pfalz**, die
Rheinland-Pfälzer,

rheinland-pfälzisch
das **Rheuma**, rheumatisch
der **Rhythmus**,
  die Rhythmen,
  rhythmisch
der **Richter**, die Richter,
  die Richterin, richten
  **richtig**, die Richtigkeit
die **Richtung**,
  die Richtungen
  **riechen**, sie riecht,
  ich roch,
  er hat gerochen,
  der Geruch
die **Riege**, die Riegen
der **Riegel**, die Riegel
der **Riemen**, die Riemen
der **Riese**, die Riesen,
  riesig, riesengroß
  **rieseln**, es rieselt
das **Riff**, die Riffe
  **Riga** (Hauptstadt von
  Lettland)
die **Rille**, die Rillen
das **Rind**, die Rinder
die **Rinde**, die Rinden
der **Ring**, die Ringe
  **ringen**, er ringt,
  ich rang,
  sie hat gerungen,

der Ringer,
  der Ringkampf
  **rings**, ringsherum
die **Rinne**, die Rinnen
  **rinnen**, es rinnt, es
  rann, es ist geronnen,
  das Rinnsal
die **Rippe**, die Rippen
das **Risiko**, die Risiken
  [Risikos]
  **riskieren**, sie riskiert,
  riskant
der **Riss**, die Risse, rissig
der **Ritt**, die Ritte, rittlings
der **Ritter**, die Ritter,
  ritterlich
  **ritzen**, er ritzt,
  die Ritze
die **Rivalin**, die Rivalen
die **Robbe**, die Robben
der **Roboter**, die Roboter
  **robust** (widerstandsfähig)
  **röcheln**, sie röchelt
der **Rock**, die Röcke
der **Rock**, die Rocker,
  die Rockmusik
  **rodeln**, er rodelt,
  der Rodel,
  die Rodelbahn
  **roden**, sie rodet

der **Rog|gen**
**roh**, die Rohheit
das **Rohr**, die Rohre
die **Röh|re**, die Röhren
der **Roh|stoff**,
die Rohstoffe
die **Rol|le**, die Rollen
**rol|len**, er rollt, der
Roller, der Rollstuhl
der **Roll|la|den**, die
Rollläden [Rollladen]
das **Rol|lo**, die Rollos
**Rom** (Hauptstadt von
Italien), die Römer,
römisch
der **Ro|man**, die Romane
**ro|man|tisch**,
die Romantik
**rönt|gen**, sie röntgt,
das Röntgenbild
**ro|sa**, rosig
die **Ro|se**, die Rosen
der **Ro|sen|kranz**,
die Rosenkränze
die **Ro|si|ne**, die Rosinen
das **Ross** (Pferd), die Rosse
[Rösser]
**ros|ten**, es rostet,
rostiges Eisen,
der Rost

**rös|ten**, er röstet,
geröstete Mandeln
**rot**, rötlich,
das Rotkehlchen,
das Rotkäppchen
die **Rö|teln** (Krankheit)
die **Rou|te**, die Routen
(Wegplan)
der **Row|dy** (gewalttätiger
Mensch), die Rowdys
**rub|beln**, sie rubbelt
die **Rü|be**, die Rüben
der **Ruck**, die Rucke,
ruckartig
**rü|cken**, er rückt
der **Rü|cken**, die Rücken,
das Rückgrat,
der Rückenwind
die **Rück|fahrt**,
die Rückfahrten,
die Rückfahrkarte
die **Rück|kehr**
das **Rück|licht**,
die Rücklichter
der **Ruck|sack**,
die Rucksäcke
die **Rück|sicht**,
die Rücksichten,
rücksichtslos
der **Rück|sitz**,

die Rücksitze

der **Rück**strah**ler,**
    die Rückstrahler

**rück**wärts,
    rückwärtsfahren

der **Rü**de, die Rüden

das **Ru**del, die Rudel

**ru**dern, sie rudert,
    das Ruder,
    die Ruderer

**ru**fen, er ruft, ich rief,
    sie hat gerufen,
    der Ruf

die **Rü**ge, die Rügen,
    rügen

die **Ru**he, ruhen, ruhig

der **Ruhm,** rühmen,
    berühmt

die **Ruhr** (Fluss),
    das Ruhrgebiet

**rüh**ren, sie rührt,
    rührend, die
    Rührung, das Rührei

die **Ru**ine, die Ruinen,
    die Burgruine,
    ruinieren, der Ruin

**rülp**sen, er rülpst,
    der Rülpser

**rum,** herum,
    rumstehen

der **Rum** (Branntwein)

**Ru**mä**ni**en, die
    Rumänen, rumänisch

der **Rum**mel,
    der Rummelplatz

**ru**mo**ren,** es rumort

**rum**peln, es rumpelt,
    das Rumpelstilzchen

der **Rumpf,** die Rümpfe

**rümp**fen,
    sie rümpft die Nase

**rund,** die Runde, die
    Rundung, rundlich,
    rundherum, runden

der **Rund**funk

**run**ter, herunter,
    runterhüpfen

die **Run**zel, die Runzeln,
    runzeln, runzelig
    [runzlig]

der **Rü**pel, die Rüpel,
    rüpelhaft

**rup**fen, sie rupft

**rup**pig, die Ruppigkeit

der **Ruß,** rußen, rußig

der **Rüs**sel, die Rüssel

**Russ**land,
    die Russen, russisch

**rüs**ten, er rüstet

**rüs**tig

die **Rüstung**,
die Rüstungen
die **Rute**, die Ruten
die **Rutsche**, die
Rutschen, rutschen,
rutschig
**rütteln**, sie rüttelt

der **Saal**, die Säle
**Saarbrücken**
das **Saarland**,
die Saarländer,
saarländisch
die **Saat**, die Saaten, säen
der **Sabbat** (jüdischer
Feiertag), die Sabbate
**sabbern**, er sabbert
der **Säbel**, die Säbel,
säbeln
die **Sache**, die Sachen,
sachlich
die **Sachkunde**,
der Sachunterricht
**Sachsen**, die

Sachsen, sächsisch
**Sachsen-Anhalt**, die
Sachsen-Anhalter,
sachsen-anhaltisch
**sacht**, sachte
der **Sack**, die Säcke,
die Sackgasse
**säen**, sie sät, die Saat
die **Safari**, die Safaris
der [das] **Safe** (Tresor),
die Safes
der **Saft**, die Säfte, saftig
die **Sage**, die Sagen,
sagenhaft
**sagen**, sie sagt
**sägen**, er sägt,
die Säge
die **Sahara**
die **Sahne**, sahnig
die **Saison**, die Saisons
die **Saite** (beim Musikinstru-
ment), die Saiten,
Vergleich: → Seite
das **Sakrament**,
die Sakramente
die **Sakristei**
der **Salamander**,
die Salamander
die **Salami**, die Salami
[Salamis]

der **Sa|lat**, die Salate
die **Sa|be**, die Salben,
   salben
der **Sa|lto**, die Saltos
   [Salti]
das **Salz**, die Salze,
   salzen, salzig
der **Sa|men** [Same],
   die Samen
**sam|meln**,
   sie sammelt,
   die Sammler,
   die Sammlung
der **Sams|tag**,
   die Samstage,
   am Samstag,
   samstags
der **Samt**, der Samtmantel
**sämt|lich**, samt,
   allesamt
das **Sa|na|to|rium** (Heilan-
   stalt), die Sanatorien
der **Sand**, die Sande,
   sandig
die **San|da|le**,
   die Sandalen
der [das] **Sand|wich**
   (belegtes Weißbrot),
   die Sandwiches
   [Sandwichs]

**sanft**, sanftmütig
die **Sänf|te**, die Sänften
der **Sän|ger**, die Sänger,
   die Sängerin
die **Sa|ni|tä|te|rin**,
   die Sanitäter
   **Sankt** [St.],
   Sankt Martin
   **Sa|ra|je|vo** (Hauptstadt
    von Bosnien-Herzegowina)
die **Sar|di|ne**, die Sardinen
der **Sarg**, die Särge
der **Sa|tan** (Teufel),
   satanisch
der **Sa|tel|lit**, die Satelliten
**satt**, sättigen,
   sich satt essen
der **Sat|tel**, die Sättel,
   das Pferd satteln
der **Sa|turn** (Planet)
der **Satz**, die Sätze,
   das Satzglied
die **Sau**, die Säue [Sauen]
**sau|ber**, säubern,
   die Sauberkeit
**sau|er**, saurer,
   am sauersten,
   die Säure,
   das Sauerkraut
der **Sau|er|stoff**

A
B
C
D
E
F
G
H
I
J
K
L
M
N
O
P
Q
R
S
T
U
V
W
X
Y
Z

# Sa – Scha

saufen, er säuft, ich
soff, sie hat gesoffen,
die Säufer
saugen, sie saugt, ich
sog [saugte], er hat
gesogen [gesaugt],
der Sauger
säugen, sie säugt,
das Säugetier,
der Säugling
die Säule, die Säulen
der Saum, die Säume,
säumen
die Sauna, die Saunas
[Saunen]
die Säure, die Säuren
der Saurier, die Saurier
sausen, er saust
das Saxofon [Saxophon],
die Saxofone
die S-Bahn (Schnellbahn),
die S-Bahnen
der Scanner, die Scanner
schaben, er schabt,
der Schaber
der Schabernack,
die Schabernacke
schäbig
die Schablone,
die Schablonen

das Schach, schachmatt,
das Schachspiel
der Schacht, die Schächte
die Schachtel,
die Schachteln
schade, es ist schade
der Schädel, die Schädel
der Schaden,
die Schäden,
schadenfroh,
schaden, schädigen
schädlich,
der Schädling
das Schaf, die Schafe,
die Schäfer,
der Schäferhund
schaffen, sie schafft
der Schaffner,
die Schaffner
der Schal, die Schals
[Schale]
die Schale, die Schalen
schälen, er schält
der Schall, schallen
schalten, sie schaltet
der Schalter, die Schalter
das Schaltjahr
die Scham, sich schämen,
schamlos
die Schande, schändlich

die **Schanze**,
  die Schanzen,
  die Sprungschanze
die **Schar**, die Scharen,
  scharenweise
  **scharf**, schärfer, am
  schärfsten, schärfen,
  die Schärfe,
  scharfsinnig
der **Scharlach** (Krankheit)
das **Scharnier**,
  die Scharniere
  **scharren**, sie scharrt
das [der] **Schaschlik**,
  die Schaschliks
der **Schatten**,
  die Schatten, schattig
der **Schatz**, die Schätze
  **schätzen**, er schätzt,
  die Schätzung
  **schauen**, sie schaut,
  die Schau,
  das Schaufenster
der **Schauer**, die Schauer,
  der Regenschauer
die **Schaufel**, die
  Schaufeln, schaufeln
die **Schaukel**,
  die Schaukeln,
  das Schaukelpferd

**schaukeln**,
  er schaukelt
der **Schaum**,
  die Schäume,
  schäumen
  **schaurig**, schauerlich,
  der Schauer
das **Schauspiel**,
  die Schauspiele,
  die Schauspieler
der **Scheck**, die Schecks
  **scheckig** (gefleckt)
die **Scheibe**,
  die Scheiben,
  der Scheibenwischer
der **Scheich**, die Scheiche
  [Scheichs]
die **Scheide**, die Scheiden
  **scheiden**, sie
  scheidet, ich schied,
  er hat geschieden,
  die Scheidung
der **Schein**, die Scheine,
  der Scheinwerfer
  **scheinbar**,
  anscheinend,
  scheinheilig
  **scheinen**, sie scheint,
  sie schien, sie hat
  geschienen

der **Scheit**, die Scheite,
   der Scheiterhaufen
der **Scheitel**, die Scheitel
   **scheitern**, er scheitert
die **Schelle**, die Schellen,
   **schellen**, sie schellt
der **Schelm**, die Schelme
   **schelten**, sie schilt,
   ich schalt,
   er hat gescholten,
   die Schelte
der **Schemel**, die Schemel
der **Schenkel**,
   die Schenkel
   **schenken**, er schenkt,
   das Geschenk
   **scheppern**,
   es scheppert
die **Scherbe**, die Scherben
die **Schere**, die Scheren,
   scheren
die **Schererei**,
   die Scherereien
der **Scherz**, die Scherze,
   scherzen, scherzhaft
   **scheu**, scheuer,
   am scheuesten,
   die Scheu
   **scheuchen**,
   sie scheucht

   **scheuen**,
   er scheut sich
   **scheuern**,
   sie scheuert,
   das Scheuertuch
die **Scheune**,
   die Scheunen
das **Scheusal**,
   die Scheusale
   **scheußlich**
der **Schi** → Ski
die **Schicht**, die Schichten
   **schick**
   **schicken**, er schickt
das **Schicksal**,
   die Schicksale
   **schieben**, sie schiebt,
   ich schob,
   er hat geschoben,
   der Schieber
die **Schiedsrichterin**,
   die Schiedsrichter
   **schief**
der **Schiefer** (Gestein)
   **schielen**, er schielt
das **Schienbein**,
   die Schienbeine
die **Schiene**, die Schienen
   **schießen**, er schießt,
   ich schoss,

sie hat geschossen,
der Schuss

das **Schiff**, die Schiffe, die
Schifffahrt, der
Schiffbruch, schiffbar

die **Schikane**,
die Schikanen,
schikanieren

das **Schild** (Hinweis),
die Schilder

der **Schild** (Schutz),
die Schilde
**schildern**, er schildert,
die Schilderung

die **Schildkröte**,
die Schildkröten

das **Schilf**, die Schilfe
**schillern**, es schillert

der **Schimmel** (Pilz),
schimmeln,
schimmlig
[schimmelig]

der **Schimmel** (weißes
Pferd), die Schimmel
**schimmern**,
es schimmert,
der Schimmer

der **Schimpanse**,
die Schimpansen
**schimpfen**,

sie schimpft
**schinden**,
er schindet sich

der **Schinken**,
die Schinken

die **Schippe**, die
Schippen, schippen

der **Schirm**, die Schirme

die **Schlacht**,
die Schlachten
**schlachten**,
sie schlachtet,
die Schlachterei,
der Schlachter

die **Schlacke**,
die Schlacken

die **Schläfe**, die Schläfen
**schlafen**, sie schläft,
ich schlief,
er hat geschlafen,
der Schlaf, schläfrig
**schlaff**

der **Schlag**, die Schläge,
die Schlagzeile
**schlagen**, er schlägt,
ich schlug,
sie hat geschlagen

der **Schlager**,
die Schlager,
die Schlagersänger

der [das] Schlamassel
der Schlamm,
   die Schlämme
   [Schlamme],
   schlammig
  schlampig,
   die Schlamperei
die Schlange,
   die Schlangen,
   sich schlängeln
  schlank
  schlapp, die Schlappe
das Schlaraffenland
  schlau, die Schlauheit,
   die Schläue
der Schlauch,
   die Schläuche
die Schlaufe,
   die Schlaufen
  schlecht, schlechter,
   am schlechtesten,
   die Schlechtigkeit
  schlecken,
   sie schleckt,
   die Schleckerei
  schleichen,
   er schleicht,
   ich schlich,
   sie ist geschlichen
der Schleier, die Schleier,

   schleierhaft
die Schleife, die Schleifen
  schleifen, er schleift,
   ich schliff, sie hat
   geschliffen,
   der Schliff
der Schleim, die
   Schleime, schleimig
  schlemmen,
   sie schlemmt
  schlendern,
   er schlendert,
   der Schlendrian
  schlenkern,
   sie schlenkert
  schleppen,
   er schleppt,
   der Schlepper,
   die Schleppe
  Schlesien, die
   Schlesier, schlesisch
  Schleswig-Holstein,
   die Schleswig-
   Holsteiner,
   schleswig-
   holsteinisch
  schleudern,
   er schleudert
  schleunig, schleunigst
die Schleuse,

die Schleusen,
schleusen
**schlicht,**
die Schlichtheit
**schlichten,**
er schlichtet,
die Schlichtung
der **Schlick** (Schlamm)
**schließen,** sie
schließt, ich schloss,
er hat geschlossen
**schließlich**
**schlimm,**
schlimmstenfalls
die **Schlinge,**
die Schlingen
der **Schlingel,**
die Schlingel
**schlingen,** er schlingt,
ich schlang,
sie hat geschlungen
der **Schlips,** die Schlipse
der **Schlitten,** die Schlitten
**schlittern,** sie schlittert
der **Schlittschuh,**
die Schlittschuhe
der **Schlitz,** die Schlitze
das **Schloss,**
die Schlösser
die **Schlosserin,**

die Schlosser,
die Schlosserei
der **Schlot,** die Schlote
**schlottern,**
er schlottert
die **Schlucht,**
die Schluchten
**schluchzen,**
sie schluchzt,
das Schluchzen
**schlucken,**
er schluckt,
der Schluck
**schludern,**
sie schludert,
schluderig [schludrig]
**schlummern,**
er schlummert,
der Schlummer
**schlüpfen,**
sie schlüpft, der
Schlüpfer, schlüpfrig
**schlurfen,** er schlurft
über den Gang
**schlürfen,** sie schlürft
die Suppe
der **Schluss,** die Schlüsse
der **Schlüssel,**
die Schlüssel,
das Schlüsselloch

A
B
C
D
E
F
G
H
I
J
K
L
M
N
O
P
Q
R
S
T
U
V
W
X
Y
Z

schmächtig
schmackhaft
schmal, schmaler
[schmäler],
am schmalsten
[schmälsten]
das Schmalz, schmalzig
der Schmarotzer,
die Schmarotzer,
schmarotzen
schmatzen,
sie schmatzt
schmausen,
er schmaust,
der Schmaus
schmecken,
sie schmeckt
schmeicheln,
er schmeichelt,
die Schmeichlerin,
schmeichelhaft
schmeißen,
sie schmeißt,
ich schmiss,
er hat geschmissen
schmelzen,
es schmilzt,
es schmolz,
es ist geschmolzen
der Schmerz,

die Schmerzen,
schmerzen,
schmerzlich,
schmerzhaft,
schmerzlos
der Schmetterling,
die Schmetterlinge
schmettern,
er schmettert
der Schmied,
die Schmiede,
schmieden
schmieren,
sie schmiert, die
Schmiere, schmierig
die Schminke, schminken
schmirgeln,
er schmirgelt,
das Schmirgelpapier
schmökern,
sie schmökert
schmollen,
er schmollt
schmoren, es schmort
schmücken,
sie schmückt,
der Schmuck
schmuggeln,
er schmuggelt,
der Schmuggel,

die Schmuggler
schmun|zeln,
  sie schmunzelt
schmu|sen, er schmust
schmut|zig,
  der Schmutz
der Schna|bel,
  die Schnäbel
die Schna|ke,
  die Schnaken
die Schnal|le,
  die Schnallen,
  schnallen
schnal|zen,
  er schnalzt
schnap|pen,
  sie schnappt
der Schnaps,
  die Schnäpse
schnar|chen,
  er schnarcht
schnat|tern,
  sie schnattert
schnau|ben,
  er schnaubt
schnau|fen,
  sie schnauft
die Schnau|ze,
  die Schnauzen,
  schnauzen

sich schnäu|zen,
  sie schnäuzt sich
die Schne|cke,
  die Schnecken
der Schnee,
  der Schneeball, das
  Schneeglöckchen
schnei|den, sie
  schneidet, ich schnitt,
  er hat geschnitten
die Schnei|de|rin,
  die Schneider,
  schneidern
schnei|en, es schneit
die Schnei|se,
  die Schneisen
schnell,
  die Schnelligkeit
schnip|peln,
  er schnippelt
schnip|pisch
der [das] Schnip|sel,
  die Schnipsel
der Schnitt, die Schnitte
die Schnit|te,
  die Schnitten,
  Brotschnitten
der Schnitt|lauch
das Schnit|zel,
  die Schnitzel

schnit|zen, er schnitzt

der Schnor|chel,
die Schnorchel

der Schnör|kel,
die Schnörkel

schnüf|feln,
sie schnüffelt,
der Schnüffler

der Schnul|ler,
die Schnuller

der Schnup|fen, schnupfen

schnup|pern,
er schnuppert

die Schnur, die Schnüre,
die Schnürsenkel,
schnüren

der Schnurr|bart,
die Schnurrbärte

schnur|ren,
sie schnurrt

schnur|stracks

der Schock, die Schocks
[Schocke], schocken,
schockieren

die Scho|ko|la|de,
die Schokoladen

die Schol|le, die Schollen

schon

schön, die Schönheit

scho|nen, er schont,

die Schonung

der Schopf, die Schöpfe

schöp|fen, sie schöpft,
der Schöpfer,
die Schöpfung

der Schorf, die Schorfe

der Schorn|stein,
die Schornsteine,
der Schornsteinfeger

der Schoß, die Schöße

die Scho|te, die Schoten

der Schot|ter

schräg, die Schräge

die Schram|me,
die Schrammen,
schrammen

der Schrank, die Schränke

die Schran|ke,
die Schranken

die Schrau|be,
die Schrauben,
der Schraubenzieher,
schrauben

der Schreck [Schrecken],
erschrecken,
schrecklich,
schreckhaft

schrei|ben, er
schreibt, ich schrieb,
sie hat geschrieben,

der Schreibtisch

**schreien**, sie schreit, ich schrie, er hat geschrien, der Schrei

die **Schreinerin**, die Schreiner

**schreiten**, er schreitet, ich schritt, sie ist geschritten

die **Schrift**, die Schriften, die Schriftsteller, schriftlich

**schrill**

der **Schritt**, die Schritte, schrittweise

**schroff**, die Schroffheit

der [das] **Schrot**, die Schrote

der **Schrott**, der Schrottplatz

**schrubben**, er schrubbt, der Schrubber

**schrumpfen**, sie schrumpft

der **Schub**, die Schübe, die Schubkarre, die Schublade

**schubsen** [schupsen], er schubst [schupst],

der Schubs [Schups]

**schüchtern**, die Schüchternheit

der **Schuft**, die Schufte

**schuften**, sie schuftet

der **Schuh**, die Schuhe

die **Schuld**, der Schuldige, Schuld haben, schuldig, ich bin schuld, schuldlos

**schulden**, er schuldet ihr Geld, die Schulden

die **Schule**, die Schulen, schulfrei, die Schüler, das Schuljahr

die **Schulter**, die Schultern, schultern

**schummeln**, sie schummelt

der **Schund** (Minderwertiges)

**schunkeln**, sie schunkelt

die **Schuppe**, die Schuppen

der **Schuppen**, die Schuppen

**schüren**, er schürt

**schürfen**, er schürft, die Schürfwunde

der **Schurke**,
die Schurken
die **Schürze**,
die Schürzen
der **Schuss**, die Schüsse
die **Schüssel**,
die Schüsseln
**schusselig** [schusslig]
der **Schuster**,
die Schuster
der **Schutt**
**schütteln**,
sie schüttelt,
der Schüttelfrost
**schütten**, er schüttet
der **Schütze**, die Schützen
**schützen**, sie schützt,
der Schutz, schutzlos
**Schwaben**,
die Schwaben,
schwäbisch
**schwach**, schwächer,
am schwächsten,
die Schwäche,
schwächlich
der **Schwager**,
die Schwäger,
die Schwägerin
die **Schwalbe**,
die Schwalben

der **Schwamm**,
die Schwämme,
schwammig
der **Schwan**, die Schwäne
**schwanger**,
sie ist schwanger,
die Schwangerschaft
**schwanken**,
er schwankt
der **Schwanz**,
die Schwänze
**schwänzen**, sie
schwänzt die Schule
der **Schwarm**,
die Schwärme,
schwärmen
die **Schwarte**,
die Schwarten
**schwarz**, schwärzen,
schwarzsehen
**schwatzen**,
[schwätzen], er
schwatzt [schwätzt],
die Schwätzer
**schweben**,
sie schwebt
**Schweden**,
die Schweden,
schwedisch
der **Schwefel**,

schweflig [schwefelig]
schweigen,
  er schweigt,
  ich schwieg,
  sie hat geschwiegen,
  das Schweigen,
  schweigsam
das **Schwein**,
  die Schweine,
  die Schweinerei
der **Schweiß**,
  schweißtreibend
schweißen,
  sie schweißt,
  die Schweißerin
die **Schweiz**,
  die Schweizer,
  schweizerisch
schwellen, es schwelt,
  der Schwelbrand
die **Schwelle**,
  die Schwellen
schwellen, es schwillt,
  es schwoll,
  es ist geschwollen,
  die Schwellung
schwenken,
  sie schwenkt
schwer, schwerhörig,
  schwerfällig

**Schwerin**
das **Schwert**,
  die Schwerter
die **Schwester**,
  die Schwestern
die **Schwiegereltern**,
  die Schwiegermutter,
  der Schwiegervater
die **Schwiele**,
  die Schwielen
schwierig,
  die Schwierigkeit
schwimmen,
  er schwimmt,
  ich schwamm, sie
  ist geschwommen,
  die Schwimmer,
  rückenschwimmen,
  das Schwimmbad
schwindeln,
  sie schwindelt,
  die Schwindler
schwindlig
  [schwindelig],
  schwindelfrei,
  der Schwindel
schwingen,
  sie schwingt,
  ich schwang,
  er hat geschwungen

schwirren,
sie schwirren
schwitzen, er schwitzt
schwören, sie
schwört, ich schwor,
er hat geschworen
schwül, die Schwüle
der Schwung,
die Schwünge,
schwungvoll
der Schwur, die Schwüre
sechs, sechzehn,
sechzig, sechsmal,
ein Sechstel
der See (im Land), die Seen
die See (Meer), die Ostsee,
die Seefahrt, seekrank
die Seele, die Seelen,
seelenruhig
das Segel, die Segel, das
Segelboot, segeln
der Segen, die Segen,
segnen
sehen, sie sieht, ich
sah, er hat gesehen,
sieh!, sehenswert,
die Sehenswürdigkeit
die Sehne, die Sehnen
sich sehnen, er sehnt sich,
die Sehnsucht,

sehnsüchtig
sehr, sehr gut
seicht
seid → sein, seid leise,
Vergleich: → seit
die Seide, der Seidenstoff
die Seife, die Seifen, seifig
das Seil, die Seile
sein, seine, seiner,
sein Heft
sein, freundlich sein,
ich bin, du bist, er ist,
wir sind, ihr seid,
sie sind, sie war,
sie waren
seit, seit gestern,
seitdem,
Vergleich: → seid
die Seite, die Seiten,
seitlich, seitwärts,
seitenlang,
Vergleich: → Saite
die Sekretärin,
die Sekretärinnen,
der Sekretär,
das Sekretariat
der Sekt (Getränk)
die Sekte, die Sekten
die Sekunde,
20 Sekunden [20 s]

selbst [selber],
   selbst machen,
   selbstbewusst,
   selbstverständlich,
   der Selbstlaut (Vokal)
selbstständig
   [selbständig]
selig, die Seligkeit
der [die] Sellerie
selten, die Seltenheit
seltsam
das Semikolon (Strichpunkt),
   die Semikolons
   [Semikola]
die Semmel, die Semmeln
der Senat, die Senate,
   die Senatoren
senden, sie sendet,
   ich sandte [sendete],
   er hat gesandt
   [gesendet], der
   Sender, die Sendung
der Senf
der Senior, die Senioren
   (ältere Menschen)
senken, er senkt
senkrecht,
   die Senkrechte
die Sensation,
   die Sensationen,

sensationell
die Sense, die Sensen
sensibel
separat
der September
Serbien, die Serben,
   serbisch
die Serie, die Serien
seriös (vertrauenswürdig)
die Serpentine (kurvige
   Bergstraße),
   die Serpentinen
das Service (Geschirr),
   die Service
der [das] Service (Kunden-
   dienst), die Services
servieren, sie serviert
servus (Gruß)
die Serviette,
   die Servietten
der Sessel, die Sessel
das [der] Set, die Sets
   (Zusammengehöriges)
setzen, er setzt sich,
   der Setzling
die Seuche, die Seuchen
seufzen, sie seufzt,
   der Seufzer
der Sex,
   der Sexualunterricht

das **Shampoo**,
   die Shampoos
der **Sheriff**, die Sheriffs
der **Shop** (Geschäft),
   die Shops
die **Shorts** (kurze Hose)
die **Show** (Vorführung),
   die Shows,
   der Showmaster
**sich**, sie setzt sich
die **Sichel**, die Sicheln
**sicher**, sicherlich,
   sichern,
   die Sicherheit,
   die Sicherung
die **Sicht**, sichtbar,
   sichten, sichtlich
**sickern**, es sickert,
   versickern
**sie**, sie liest
das **Sieb**, die Siebe, sieben
**sieben**, siebzehn,
   siebzig, siebenmal,
   siebtens
**sieden**, es siedet,
   siedend heiß,
   der Siedepunkt
die **Siedlung**,
   die Siedlungen,
   siedeln, die Siedler

der **Sieg**, die Siege,
   die Sieger, siegen,
   die Siegerehrung,
   siegreich
das **Siegel**, die Siegel
das **Signal**, die Signale,
   signalisieren
die **Silbe**, die Silben
das **Silber**, silbern, silbrig
der [das] **Silo**, die Silos
der [das] **Silvester**
**simpel** (einfach),
   ein simpler Trick
**sind** → *sein*,
   wir sind froh
**singen**, sie singt,
   ich sang,
   er hat gesungen
der **Single** (alleinstehender
   Mensch), die Singles
der **Singular** (Einzahl)
**sinken**, er sinkt, ich
   sank, sie ist gesunken
der **Sinn**, die Sinne,
   sinnvoll, sinnlos
die **Sintflut**
die **Sippe**, die Sippen
die **Sirene**, die Sirenen
der **Sirup**
die **Sitte**, die Sitten,

sittsam

die **Situation**,
die Situationen
**sitzen**, sie sitzt, ich
saß, er hat gesessen,
der Sitz, die Sitzung

die **Skala** (Maßeinteilung),
die Skalen [Skalas]

der **Skandal**,
die Skandale
**Skandinavien**,
die Skandinavier,
skandinavisch

der **Skat**, die Skatspieler

das **Skateboard**,
die Skateboards

das **Skelett**, die Skelette

der **Sketch** [Sketsch],
die Sketche

der **Ski** [Schi], die Skier
[Ski], die Skifahrerin

die **Skizze**, die Skizzen,
skizzieren

der **Sklave**, die Sklaven
**Skopje** (Hauptstadt
von Mazedonien)

der **Skrupel**, die Skrupel,
skrupellos

der **Slalom**, die Slaloms

der **Slip**, die Slips

**Slowakei**,
die Slowaken,
slowakisch
**Slowenien**,
die Slowenen,
slowenisch

das **Smartphone**
[Smart Phone],
die Smartphones

der **Smog** (Abgasdunst)

die **SMS**,
die SMS-Nachricht

das **Snowboard**,
die Snowboards
**so**, so viele
**sobald**

die **Socke**, die Socken

der **Sockel**, die Sockel
**sodann**
**sodass** [so dass]

das **Sodbrennen**
**soeben**

das **Sofa**, die Sofas
**sofern**
**Sofia** (Hauptstadt
von Bulgarien)
**sofort**

das **Softeis**

die **Software**
(Computerprogramm)

A B C D E F G H I J K L M N O P Q R **S** T U V W X Y Z

sogar

sogenannt [sog.]

sogleich

die **Sohle**, die Sohlen,
die Schuhsohle,
Vergleich: → Sole

der **Sohn**, die Söhne

solang [solange],
solang er mag, aber:
eine so lange Zeit

die **Solarenergie**, solar

**solch**, solcher, solche,
solches

der **Sold**, die Besoldung

der **Soldat**, die Soldaten

die **Sole** (Salzwasser),
die Solen,
Vergleich: → Sohle

sollen, er soll

das **Solo**, die Solos [Soli],
die Solisten, solo

somit

der **Sommer**, die Sommer,
sommerlich

das **Sonderangebot**,
die Sonderangebote

sonderbar

sondern

der **Song** (Lied), die Songs

der **Sonnabend** (Samstag),
die Sonnabende,
sonnabends

die **Sonne**, die Sonnen,
sonnig, sich sonnen,
der Sonnenschirm

der **Sonntag**,
die Sonntage,
sonntags,
sonntäglich

**sonst**

sooft, sooft du zu
ihm gehst, aber: er
kommt so oft zu mir

die **Sorge**, die Sorgen,
sorgen, sie sorgt,
sorgfältig, sorglos

die **Sorte**, die Sorten,
sortieren

**SOS** (Notruf)

die **Soße** [Sauce],
die Soßen

der **Sound** (Klangwirkung),
die Sounds

das **Souvenir** (Andenken),
die Souvenirs

soviel, soviel ich weiß,
aber: er hat so viel
Glück

soweit, soweit ich
weiß, aber: er war so

weit weg

**sowie** (und, sobald)

**sowieso**

**sowohl** ... als auch ...

**sozial**

**spachteln**,
er spachtelt,
der Spachtel

die **Spaghetti** [Spagetti],
Spaghetti bolognese

**spähen**, sie späht,
die Späher

der **Spalt** [die Spalte],
die Spalten, spalten

das **Spam** (unerwünschte
E-Mail), die Spams

der **Span**, die Späne

die **Spange**, die Spangen

**Spanien**, die Spanier,
spanisch

**spannen**, er spannt

**spannend**,
die Spannung

**sparen**, sie spart,
sparsam,
die Spardose,
die Sparsamkeit

der **Spargel**, die Spargel

**spärlich**

der **Spaß**, die Späße,

**spaßen**, spaßig

**spät**, spätestens

der **Spaten**, die Spaten

der **Spatz**, die Spatzen

**spazieren**, er spaziert,
spazieren gehen,
der Spaziergang

der **Specht**, die Spechte

der **Speck**, speckig

der **Speer**, die Speere

die **Speiche**, die Speichen

der **Speichel**

der **Speicher**, die
Speicher, speichern

**speien**, er speit, ich
spie, sie hat gespien

die **Speise**, die Speisen,
speisen,
die Nachspeise

der **Spektakel** (Lärm), das
Spektakel (Schauspiel),
die Spektakel

**spenden**, sie spendet,
die Spende, die
Spender, spendieren,
spendabel

der **Sperling**,
die Sperlinge

**sperren**, er sperrt,
die Sperre, sperrig

A
B
C
D
E
F
G
H
I
J
K
L
M
N
O
P
Q
R
S
T
U
V
W
X
Y
Z

der **Spezialist**,
   die Spezialisten,
   die Spezialität,
   spezialisieren
**speziell**
**spicken**, sie spickt,
   der Spickzettel
der **Spiegel**, die Spiegel,
   spiegeln, spiegelglatt
**spielen**, sie spielt, das
   Spiel, die Spieler,
   das Spielzeug
der **Spieß**, die Spieße
   **spießig**, die Spießer
der **Spinat**
die **Spindel**, die Spindeln
die **Spinne**, die Spinnen,
   das Spinngewebe
**spinnen**, er spinnt,
   ich spann, sie hat
   gesponnen
der **Spion**, die Spione,
   spionieren
die **Spirale**, die Spiralen
der **Spiritus**
   **spitz**, spitzer, am
   spitzesten
die **Spitze**, die Spitzen
der **Spitzel**, die Spitzel
der **Spitzer**, die Spitzer,

   spitzen
der **Splitt** (kleine Steinchen)
der **Splitter**, die Splitter,
   splittern
der **Sponsor**,
   die Sponsoren
der **Sport**, die Sportler,
   sportlich,
   die Sportschau
der **Spot**, die Spots,
   der Werbespot
**spotten**, er spottet,
   der Spott, spöttisch
die **Sprache**,
   die Sprachen,
   sprachlich, sprachlos
der [das] **Spray**,
   die Sprays,
   die Spraydose
**sprechen**, sie spricht,
   ich sprach,
   er hat gesprochen,
   die Sprecher
**spreizen**, er spreizt
**sprengen**, sie sprengt,
   die Sprengung,
   der Sprengstoff
das **Sprichwort**,
   die Sprichwörter
**sprießen**, es sprießt,

es spross,
es ist gesprossen
**springen**, er springt,
ich sprang,
sie ist gesprungen,
die Springer
**sprinten**, sie sprintet,
der Sprint,
die Sprinter
der **Sprit** (Treibstoff)
**spritzen**, er spritzt, die
Spritze, der Spritzer
**spröd** [spröde],
spröde Haut
die **Sprosse**,
die Sprossen
der **Spruch**, die Sprüche
der **Sprudel**, die Sprudel,
sprudeln
**sprühen**, sie sprüht,
der Sprühregen
der **Sprung**, die Sprünge,
springen, sprunghaft
**spucken**, er spuckt,
die Spucke
der **Spuk**, spuken, es spukt
die **Spule**, die Spulen
**spülen**, er spült,
die Spülung
die **Spur**, die Spuren,

spuren, spurlos
**spüren**, sie spürt
der **Spurt**, die Spurts
[Spurte], spurten
sich **sputen**, er sputet sich
der **Staat**, die Staaten,
staatlich
der **Stab**, die Stäbe
**stabil**, die Stabilität,
stabilisieren
der **Stachel**, die Stacheln,
stachelig [stachlig]
das **Stadion**, die Stadien
die **Stadt**, die Städte, der
Stadtrat, städtisch
die **Staffel**, die Staffeln,
der Staffellauf
der **Stahl**, die Stähle,
stählern, stahlhart
der **Stall**, die Ställe,
der Kuhstall
der **Stamm**, die Stämme,
der Stammbaum,
stämmig
**stammeln**,
er stammelt
**stampfen**, sie stampft
der **Stand**, die Stände, der
Ständer, standhaft,
der Standpunkt

A
B
C
D
E
F
G
H
I
J
K
L
M
N
O
P
Q
R
S
T
U
V
W
X
Y
Z

ständig (dauernd)

die Stange, die Stangen

der Stängel, die Stängel

stänkern, er stänkert

der Stapel, die Stapel, stapeln

stapfen, sie stapft

der Star (berühmter Mensch), die Stars, der Popstar

der Star (Vogel), die Stare

stark, stärker, am stärksten, die Stärke, stärken, die Stärkung

starr (fest), die Starrheit

starren, er starrt

der Start, die Starts, starten

die Station, die Stationen

das Stativ, die Stative

statt, anstatt, stattdessen

stattfinden → finden

stattlich

die Statue, die Statuen

der Stau, die Staus, stauen

der Staub, stauben, der Staubsauger, staubig

die Staude, die Stauden

staunen, sie staunt

das Steak, die Steaks

stechen, er sticht, ich stach, sie hat gestochen

stecken, sie steckt, der Stecker, der Steckbrief

der Steg, die Stege

stehen, er steht, ich stand, sie hat [ist] gestanden, stehen bleiben, die Stehlampe

stehlen, sie stiehlt, ich stahl, er hat gestohlen

steif, die Steifheit

steigen, er steigt, ich stieg, sie ist gestiegen, die Steigung

steigern, sie steigert, die Steigerung

steil, der Steilhang

der Stein, die Steine, steinig, steinhart, die Steinkohle

stellen, er stellt, die Stelle, die Stellung

die Stelze, die Stelzen,

stelzen
stem|men, sie stemmt
der Stem|pel, die Stempel, stempeln
die Stepp|de|cke, die Steppdecken
die Step|pe, die Steppen
ster|ben, er stirbt, ich starb, er ist gestorben, sterbenskrank, unsterblich
ste|reo, die Stereoanlage
ste|ril (keimfrei, unfruchtbar)
der Stern, die Sterne, die Sternschnuppe
stets, stetig
das Steu|er (Lenkrad), die Steuer, steuern
die Steu|er (Abgabe), die Steuern
die Ste|war|dess, die Stewardessen, der Steward
der Stich, die Stiche, das Stichwort, im Stich lassen, sticheln
sti|cken, er stickt, die

Stickerei, der Sticker
sti|ckig
der Stie|fel, die Stiefel
die Stief|el|tern, der Stiefvater, die Stiefmutter
die Stie|ge, die Stiegen
der Stiel (Griff, Stängel), die Stiele, Vergleich: → Stil
der Stier, die Stiere
der Stift, die Stifte
stif|ten, sie stiftet, die Stiftung
der Stil (Darstellungsweise), die Stile, der Kunststil, Vergleich: → Stiel
still, die Stille
stil|len, sie stillt das Baby
die Stim|me, die Stimmen
stim|men, es stimmt
die Stim|mung, die Stimmungen
stin|ken, es stinkt, es stank, es hat gestunken, stinkfaul
stip|pen (tunken), er stippt

die **Stirn**, die Stirnen
**stöbern**, sie stöbert
**stochern**, er stochert
der **Stock** (Stab),
die Stöcke
der **Stock** (Etage),
das Stockwerk,
dreistöckig
**stockdunkel**,
stockfinster
**stocken**, es stockt
**Stockholm** (Hauptstadt
von Schweden)
der **Stoff**, die Stoffe
**stöhnen**, sie stöhnt
der **Stollen**, die Stollen
**stolpern**, er stolpert
**stolz**, stolzer,
am stolzesten,
der Stolz, stolzieren
**stopfen**, sie stopft
der **Stopfen**, die Stopfen
die **Stoppel**, die Stoppeln
**stoppen**, er stoppt, der
Stopp, die Stoppuhr
der **Stöpsel**, die Stöpsel
der **Storch**, die Störche
**stören**, sie stört,
die Störung
**störrisch**

die **Story** (Geschichte),
die Storys
**stoßen**, er stößt, ich
stieß, sie hat
gestoßen, der Stoß,
abstoßend
**stottern**, sie stottert
die **Strafe**, die Strafen, die
Sträflinge, strafen,
strafbar, sträflich
**straff**
der **Strahl**, die Strahlen,
strahlen, strahlend,
die Strahlung
die **Strähne**, die Strähnen,
strähnig
**stramm**
**strampeln**,
er strampelt
der **Strand**, die Strände,
stranden
der **Strang**, die Stränge
die **Strapaze**,
die Strapazen,
strapazieren
die **Straße**, die Straßen
**sträuben**,
sie sträubt sich
der **Strauch**, die Sträucher
**straucheln**,

er strauchelt

der **Strauß** (Vogel),
die Strauße

der **Strauß**, die Sträuße,
der Blumenstrauß

**streben**, er strebt,
die Streber, strebsam

die **Strecke**, die Strecken,
streckenweise

**strecken**, sie streckt

der **Streich**, die Streiche

**streicheln**,
er streichelt

**streichen**, sie streicht,
ich strich, er hat
gestrichen, der
Anstrich, der Strich

das **Streichholz**,
die Streichhölzer

**streifen**, sie streift,
die Streife,
der Streifenwagen

der **Streifen**, die Streifen,
gestreift

der **Streik**, die Streiks,
streiken

**streiten**, sie streitet,
ich stritt, er hat
gestritten, der Streit,
die Streiterei

**streng**, die Strenge

der **Stress**, stressig

**streuen**, sie streut,
die Streuung,
das Streusalz

**streunen**, er streunt

der [das] **Streusel**,
die Streusel

der **Strich**, die Striche

der **Strick**, die Stricke

**stricken**, sie strickt,
die Strickjacke

**striegeln**, sie striegelt

der **Striemen**,
die Striemen

**strikt**

das **Stroh**, der Strohhalm

der **Strolch**, die Strolche,
strolchen

der **Strom** (Fluss),
die Ströme, die
Strömung, strömen,
stromabwärts

der **Strom**, das Stromkabel

die **Strophe**, die Strophen

**strotzen**, sie strotzt

**strubbelig** [strubblig]

der **Strudel**, die Strudel

der **Strumpf**, die Strümpfe

**struppig**

A
B
C
D
E
F
G
H
I
J
K
L
M
N
O
P
Q
R
**S**
T
U
V
W
X
Y
Z

der **Struwwelpeter**
die **Stube**, die Stuben
das **Stück**, die Stücke,
    stückeln
das **Studio**, die Studios
das **Studium**, die Studien,
    die Studenten,
    studieren, die Studie
die **Stufe**, die Stufen
der **Stuhl**, die Stühle
die **Stulle** (Scheibe Brot),
    die Stullen
    **stülpen**, sie stülpt
    **stumm**
der **Stummel**,
    die Stummel
die **Stümperin**,
    die Stümper
    **stumpf**,
    der Stumpfsinn
der **Stumpf**, die Stümpfe,
    der Baumstumpf
die **Stunde**, die Stunden,
    stundenlang,
    der Stundenplan,
    stündlich
    **stupsen**, sie stupst
    ihn, der Stups
    **stur**, die Sturheit
der **Sturm**, die Stürme,

    stürmisch, stürmen,
    die Stürmer
    **stürzen**, er stürzt,
    der Sturz
die **Stute**, die Stuten
    **Stuttgart**
    **stutzen**, sie stutzt,
    stutzig
    **stützen**, er stützt sie,
    die Stütze
das **Styropor**
das **Subjekt**, die Subjekte
das **Substantiv** (Nomen),
    die Substantive
    **subtrahieren**,
    sie subtrahiert,
    die Subtraktion
    **suchen**, er sucht,
    die Suche
die **Sucht**, die Süchte,
    süchtig
    **Südamerika**,
    die Südamerikaner,
    südamerikanisch
der **Süden**, südlich,
    der Südpol
    **sühnen**, sie sühnt,
    die Sühne
die **Summe**, die Summen,
    summieren

**sum|men**, er summt

der **Sumpf**, die Sümpfe,
sumpfig

die **Sün|de**, die Sünden,
die Sünder, sündigen

**su|per**, der Superstar

die **Sup|pe**, die Suppen

**sur|fen**, sie surft,
die Surfer

**sur|ren**, es surrt

**süß**, süßer, am
süßesten, süßen,
süßlich, die Süße,
die Süßigkeit

das **Sweat|shirt** (weiter Pull-
over), die Sweatshirts

der **Swim|ming|pool**,
die Swimmingpools

das **Sym|bol**, die Symbole,
symbolisch

**sym|met|risch**,
die Symmetrie

die **Sym|pa|thie**,
die Sympathien,
sympathisch

die **Syn|a|go|ge**,
die Synagogen

das **Sys|tem**, die Systeme,
systematisch

die **Sze|ne**, die Szenen

T

der **Ta|bak**

die **Ta|bel|le**, die Tabellen

das **Ta|blet** (tragbarer
flacher Computer),
die Tablets

das **Ta|blett** (Servierbrett),
die Tabletts [Tablette]

die **Ta|blet|te**,
die Tabletten

das **Ta|bu**, die Tabus

der **Ta|cho** [Tachometer],
die Tachos

der **Ta|del**, die Tadel,
tadeln, tadellos

die **Ta|fel**, die Tafeln

der **Tag**, die Tage, täglich,
tagelang, tagsüber,
tagtäglich,
eines Tages

die **Ta|gung**,
die Tagungen, tagen

die **Tail|le**, die Taillen,
tailliert

der **Takt**, die Takte,
taktlos, taktvoll

das **Tal**, die Täler

A B C D E F G H I J K L M N O P Q R S T U V W X Y Z

A
B
C
D
E
F
G
H
I
J
K
L
M
N
O
P
Q
R
S
**T**
U
V
W
X
Y
Z

das **Talent**, die Talente,
   talentiert
der **Taler**, die Taler
der **Talg**, die Talge
der **Talisman**,
   die Talismane
die **Talkshow**,
   die Talkshows,
   die Talkmaster
   **Tallinn** (Hauptstadt
   von Estland)
das **Tandem**, die Tandems
der **Tank**, die Tanks,
   die Tankstelle,
   der Tanker
   **tanken**, sie tankt
die **Tanne**, die Tannen,
   die Tannenzapfen
die **Tante**, die Tanten
der **Tanz**, die Tänze,
   tanzen, tänzeln,
   die Tänzer
die **Tapete**, die Tapeten,
   tapezieren
   **tapfer**, die Tapferkeit
   **tappen**, er tappt
   **tapsen**, sie tapst,
   tapsig
   **tarnen**, er tarnt,
   die Tarnung

die **Tasche**, die Taschen
die **Tasse**, die Tassen
die **Taste**, die Tasten,
   tasten, die Tastatur
die **Tat**, die Taten,
   die Täter, der Tatort
   **tätig**, die Tätigkeit
die **Tätowierung**,
   die Tätowierungen
die **Tatsache**,
   die Tatsachen
   **tatsächlich**
   **tätscheln**, sie tätschelt
die **Tatze**, die Tatzen
der **Tau**, die Tautropfen
das **Tau** (starkes Seil), die
   Taue, das Tauziehen
   **taub**, die Taubheit,
   taubstumm
die **Taube**, die Tauben
   **tauchen**, sie taucht,
   die Taucher
   **taulen**, das Eis taut
die **Taufe**, die Taufen,
   taufen, die Taufpaten
   **taugen**, es taugt
   nichts, tauglich
   **taumeln**, er taumelt
   **tauschen**, er tauscht,
   der Tausch

täuschen, sie täuscht,
die Täuschung

tausend, tausendfach,
tausendste,
tausendmal

das Taxi [die Taxe],
die Taxis [Taxen]

das Team (Gruppe), die
Teams, die Teamarbeit

die Technik, die
Techniken, technisch,
die Techniker,
die Technologie

der Teddy [Teddybär],
die Teddys

der Tee, die Tees

der Teenager (Jugendlicher),
die Teenager

der Teer, teeren

der Teich, die Teiche,
der Forellenteich

der Teig, die Teige,
der Brotteig

teilen, sie teilt,
der [das] Teil,
teilbar, die Teilung

teilnehmen
→ *nehmen*,
die Teilnahme,
die Teilnehmer,

teilnahmslos, teils
teilweise

das Telefon, die Telefone,
telefonieren,
telefonisch

das Telegramm,
die Telegramme,
telegrafieren

das Teleskop (Fernrohr),
die Teleskope

der Teller, die Teller

der Tempel, die Tempel

das Temperament,
die Temperamente,
temperamentvoll

die Temperatur,
die Temperaturen

das Tempo, die Tempos
[Tempi]

das Tennis, Tennis spielen

der Teppich, die Teppiche

der Termin, die Termine

das Terrarium (Behälter für
die Tierhaltung),
die Terrarien

die Terrasse,
die Terrassen

der Terror, der Terrorismus,
die Terroristen,
terrorisieren

A
B
C
D
E
F
G
H
I
J
K
L
M
N
O
P
Q
R
S
T
U
V
W
X
Y
Z

A
B
C
D
E
F
G
H
I
J
K
L
M
N
O
P
Q
R
S
**T**
U
V
W
X
Y
Z

das **Testament**,
die Testamente
**testen**, er testet, der
Test, die Tests [Teste]
**teuer**, teurer,
am teuersten
der **Teufel**, die Teufel,
teuflisch
der **Text**, die Texte, texten
die **Textilien**
das **Theater**, die Theater
die **Theke**, die Theken
das **Thema**, die
Themen [Themata],
thematisch
die **Theologie**,
die Theologen
die **Theorie**, die Theorien,
theoretisch
die **Therapie**,
die Therapien,
der Therapeut
das **Thermalbad**,
die Thermalbäder
das **Thermometer**,
die Thermometer
die **Thermosflasche**,
die Thermosflaschen
der **Thron**, die Throne
der **Thunfisch** [Tunfisch],
die Thunfische

**Thüringen**,
die Thüringer,
thüringisch
**ticken**, es tickt,
der Tick
das **Ticket**, die Tickets
**tief**, die Tiefe,
tiefgekühlt
das **Tier**, die Tiere,
die Tierärztin
der **Tiger**, die Tiger
**tilgen**, er tilgt
die **Tinte**, die Tinten,
der Tintenkiller
das **Tipi** (Indianerzelt),
die Tipis
der **Tipp**, die Tipps
**tippen**, sie tippt, der
Tippfehler, tipptopp
**Tirana** (Hauptstadt
von Albanien)
der **Tisch**, die Tische, das
Tischtennis
der **Tischler**, die Tischler,
die Tischlerei
der **Titel**, die Titel,
das Titelbild
der **Toast**, die Toaste
[Toasts], der Toaster,

das Toastbrot,
toasten
**toben**, sie tobt,
die Tobsucht
die **Tochter**, die Töchter
der **Tod**, die Tode, tödlich,
todkrank, todmüde,
Vergleich: → tot
die **Toilette**, die Toiletten
**tolerant**, die Toleranz,
tolerieren
**toll**, tollen, die Tollwut,
tollkühn
der **Tollpatsch**,
die Tollpatsche,
tollpatschig
der **Tölpel**, die Tölpel,
tölpelhaft
die **Tomate**, die Tomaten
die **Tombola**,
die Tombolas
der **Ton** (Bodenart), die Töne
der **Ton**, die Töne, tönen,
die Tonleiter,
der Farbton
die **Tonne**, die Tonnen
der **Topf**, die Töpfe,
die Töpferin
**topfit**
das **Tor**, die Tore,

der Torwart
der **Tor** (Narr), die Toren,
die Torheit, töricht
der **Torf**, das Torfmoor
**torkeln**, er torkelt
der **Tornado**,
die Tornados
der **Tornister**, die Tornister
die **Torte**, die Torten
**tosen**, tosender Sturm
**tot**, tot sein, die Toten,
totenstill, totlachen,
totschießen, töten
Vergleich: → Tod
**total**
das [der] **Toto**,
der Totoschein
die **Tour**, die Touren,
die Radtour, touren
der **Tourist**, die Touristen,
der Tourismus
die **Tournee** (Gastspielreise
von Künstlern),
die Tourneen
der **Trabant**,
die Trabanten
**traben**, er trabt,
der Trab
die **Tracht**, die Trachten
**trächtig**

A B C D E F G H I J K L M N O P Q R S **T** U V W X Y Z

die **Tradition**,
die Traditionen,
traditionell

der **Trafo** [Transformator],
die Trafos

**träge**, die Trägheit

**tragen**, sie trägt, ich
trug, er hat getragen,
der Träger, tragfähig,
tragend

**tragisch**, die Tragik

**trainieren**, sie trainiert,
das Training,
die Trainer

der **Traktor**, die Traktoren

die **Tram**, die Trams

**trampeln**, er trampelt

**trampen**, sie trampt

das **Trampolin**,
die Trampoline

die **Träne**, die Tränen,
tränen

**tränken**, er tränkt,
die Tränke

der **Transistor**,
die Transistoren

das **Transparent**,
die Transparente,
transparent

der **Transport**,

die Transporte,
transportieren

das **Trapez**, die Trapeze

**tratschen**, sie tratscht,
der Tratsch

die **Traube**, die Trauben

**trauen**, sie traut ihm,
die Trauung

**trauern**, er trauert, die
Trauer, traurig

**träufeln**, sie träufelt

der **Traum**, die Träume,
träumen, traumhaft,
die Träumerei

**traurig**, die Traurigkeit

der **Trecker** (Traktor),
die Trecker

**treffen**, er trifft, ich
traf, sie hat getroffen,
treffend, der Treffer

**treiben**, sie treibt,
ich trieb,
er hat getrieben,
der Treibstoff

der **Trend**, die Trends

**trennen**, er trennt, die
Trennung, getrennt

die **Treppe**, die Treppen,
das Treppenhaus,
treppauf

der **Tre|sen**, die Tresen

der **Tre|sor**, die Tresore

**tre|ten**, sie tritt, ich trat,
    er hat getreten,
    der Tritt

**treu**, die Treue, treulos

der [die] **Tri|an|gel**,
    die Triangeln

der [das] **Tri|ath|lon**
      (Dreikampf im Sport),
    die Triathlons

die **Tri|bü|ne**, die Tribünen

der **Trich|ter**, die Trichter

der **Trick**, die Tricks,
    tricksen

der **Trieb**, die Triebe,
    treiben

das **Tri|kot**, die Trikots

**tril|lern**, er trillert,
    die Trillerpfeife

**trim|men**,
    sie trimmt sich,
    der Trimm-dich-Pfad

**trin|ken**, er trinkt,
    ich trank,
    sie hat getrunken,
    das Trinkgeld

das **Trio** (drei Personen),
    die Trios

der **Trip** (Ausflug), die Trips

**trip|peln**, sie trippelt

der **Tritt**, die Tritte, treten

der **Tri|umph**, die Triumphe,
    triumphieren

**tro|cken**, trocknen,
    die Trockenheit

der **Trö|del**, der Trödler,
    der Trödelmarkt

**trö|deln**, er trödelt

der **Trog**, die Tröge

die **Trom|mel**, die
      Trommeln, trommeln,
    die Trommler

die **Trom|pe|te**,
    die Trompeten

die **Tro|pen**, tropisch

**trop|fen**, es tropft,
    tröpfeln

der **Trop|fen**, die Tropfen

der **Trost**, trösten, trostlos

der **Trott**, die Trotte

der **Trot|tel**, die Trottel

**trot|ten**, sie trottet

**trotz**, trotz des Regens

der **Trotz**, trotzig

**trotz|dem**

**trüb** [trübe], trübselig,
    die Trübsal

der **Tru|bel**

**trü|ge|risch**, trügen

die **Tru**he, die Truhen
die **Trüm**mer,
  das Trümmerfeld
der **Trumpf**, die Trümpfe
die **Trup**pe, die Truppen
der **Trut**hahn,
  die Truthähne
**tschau!** [ciao!]
  (Abschiedsgruß)
**Tsche**chi**sche
Re**pub**lik,
  die Tschechen,
  tschechisch
**tschüs!** [tschüss!]
das **T-Shirt**, die T-Shirts
die **Tu**ba, die Tuben
die **Tu**be, die Tuben
das **Tuch**, die Tücher
  **tüch**tig, die Tüchtigkeit
die **Tü**cke, die Tücken,
  tückisch
die **Tu**gend,
  die Tugenden
die **Tul**pe, die Tulpen
sich **tum**meln,
  sie tummelt sich
der **Tu**mor, die Tumore
der **Tüm**pel, die Tümpel
der **Tu**mult, die Tumulte
**tun,** er tut, ich tat,

  sie hat getan
**tun**ken, sie tunkt,
  die Tunke
der **Tun**nel, die Tunnel
  [Tunnels]
**tup**fen, er tupft, der
  Tupfer, der Tupfen
die **Tür**, die Türen
der **Tur**ban, die Turbane
die **Tur**bine, die Turbinen
  **tur**bulent
die **Tür**kei, die Türken,
  türkisch
  **tür**kis (Farbe)
der **Turm**, die Türme
**tur**nen, sie turnt,
  die Turnerin,
  die Turnhalle
das **Tur**nier, die Turniere
die **Tu**sche, die Tuschen
  **tu**scheln, er tuschelt
die **Tü**te, die Tüten
  **tu**ten, sie tutet
der **Typ**, die Typen,
  typisch
der **Ty**rann, die Tyrannen,
  tyrannisieren

A B C D E F G H I J K L M N O P Q R S T U V W X Y Z

# U

die **U-Bahn** (Untergrund-
bahn), die U-Bahnen

**übel**, übler, am
übelsten, das Übel,
die Übelkeit

**üben**, er übt, die Übung

**über**

**überall**

das **Überbleibsel**,
die Überbleibsel

der **Überblick**, überblicken

**überdrüssig**,
der Überdruss

**übereinander**

**überempfindlich**

**überfahren** → *fahren*

der **Überfall**,
die Überfälle,
überfallen

der **Überfluss**, überflüssig

**überflutet**,
die Überflutung

**überfordern**,
sie überfordert sich,
die Überforderung

**überfüllt**

der **Übergang**,
die Übergänge

**übergeben** → *geben*

**überhaupt**

**überheblich**

**überholen** → holen

**überhören** → hören

**überlassen** → *lassen*

**überlegen**,
er überlegt,
die Überlegung

**überlisten**,
er überlistet

**übermorgen**

**übermüdet**

**übermütig**,
der Übermut

**übernachten**,
sie übernachtet,
die Übernachtung

**übernehmen**
→ *nehmen*,
die Übernahme

**überqueren**,
er überquert,
die Überquerung

**überraschen**,
sie überrascht,
die Überraschung

**überreden** → reden

A
B
C
D
E
F
G
H
I
J
K
L
M
N
O
P
Q
R
S
T
**U**
V
W
X
Y
Z

über|rei|chen
→ reichen

die **Über|schrift**,
die Überschriften

der **Über|schuss**,
die Überschüsse

über|schwäng|lich

die **Über|schwem|mung**,
die Überschwem-
mungen

über|set|zen,
er übersetzt,
die Übersetzung

über|sicht|lich,
die Übersicht

über|sie|deln,
sie übersiedelt,
die Übersiedler

die **Über|stun|de**,
die Überstunden

über|tref|fen → *treffen*

über|trei|ben → *treiben*,
die Übertreibung

über|trie|ben

über|wäl|ti|gen,
er überwältigt,
überwältigend

über|wei|sen,
sie überweist,
die Überweisung

über|wie|gend

über|win|den → *winden*

über|zeu|gen,
er überzeugt,
die Überzeugung

der **Über|zug**,
die Überzüge

üb|lich

das **U-Boot** [Untersee-
boot], die U-Boote

üb|rig, übrig bleiben

üb|ri|gens

die **Übung**, die Übungen

das **Ufer**, die Ufer

das **Ufo**, die Ufos

die **Uhr**, die Uhren, drei
Uhr, die Uhrzeit

der **Uhu**, die Uhus

die **Uk|ra|i|ne**, die Ukrainer,
ukrainisch

der **UKW-Sen|der** [Ultra-
kurzwellensender]

der **Ulk**, ulkig

um

um|ar|men,
sie umarmt,
die Umarmung

um|bau|en → bauen,
der Umbau

um|dre|hen → drehen,

die Umdrehung

um|ein|an|der

um|fah|ren → *fahren*

um|fal|len → *fallen*

der Um|fang, umfangen,
umfangreich

die Um|fra|ge,
die Umfragen

der Um|gang, umgänglich

die Um|ge|bung, umgeben

um|ge|hen → *gehen*

um|ge|kehrt, umkehren,
die Umkehr

um|hän|gen → hängen,
der Umhang

um|her, umherlaufen

um|kip|pen → kippen

der Um|laut (ä, ö, ü, äu),
die Umlaute

die Um|lei|tung, die
Umleitungen, umleiten

der Um|riss, umreißen

der Um|schlag,
die Umschläge

um|so, umso besser

um|sonst

um|ständ|lich,
der Umstand

um|stei|gen → *steigen*

um|tau|schen

→ tauschen,
der Umtausch

der Um|weg, die Umwege

die Um|welt,
der Umweltschutz,
umweltfreundlich

um|zie|hen → *ziehen*,
der Umzug,
die Umzüge

un|ab|hän|gig

un|an|ge|nehm

un|auf|hör|lich

un|auf|merk|sam, die
Unaufmerksamkeit

un|aus|steh|lich

un|be|dingt

un|be|hag|lich,
das Unbehagen

un|be|hol|fen

un|be|kannt

un|be|quem

un|be|schränkt

un|be|schreib|lich

un|be|zahl|bar

und

un|dank|bar,
die Undankbarkeit

un|end|lich,
die Unendlichkeit

un|ent|schie|den

unerhört
unerträglich
unfähig
unfair
der Unfall, die Unfälle
unfreundlich
der Unfug
Ungarn, die Ungarn,
   ungarisch
ungeduldig,
   die Ungeduld
ungefähr
das Ungeheuer,
   die Ungeheuer
ungehindert
ungehorsam,
   der Ungehorsam
ungenau,
   die Ungenauigkeit
ungenügend
ungerecht,
   die Ungerechtigkeit
ungeschickt
ungewiss,
   die Ungewissheit
ungewöhnlich
das Ungeziefer
ungezogen
unglaublich
das Unglück,

die Unglücke,
   unglücklich
ungültig
das Unheil
unheimlich
unhöflich
die Uniform,
   die Uniformen
uninteressant
die Universität,
   die Universitäten
die Unkosten
das Unkraut
unmittelbar
unmöglich
unnötig
das Unrecht
unruhig, die Unruhe
uns, unser, unsere
die Unschuld, unschuldig
der Unsinn, unsinnig
unten
unter, untereinander
unterbrechen
   → *brechen*,
   die Unterbrechung
unterbringen
   → *bringen*,
   die Unterbringung
untereinander

die **Unterführung**,
die Unterführungen
der **Untergang**,
die Untergänge,
untergehen
der **Untergrund**
**unterhalb**
**unterhalten** → *halten*,
die Unterhaltung
das **Unterhemd**,
die Unterhemden
**unterirdisch**
die **Unterkunft**,
die Unterkünfte
die **Unterlage**,
die Unterlagen
**unternehmen**
→ *nehmen*,
das Unternehmen
der **Unterricht**,
unterrichten
der **Unterschied**,
die Unterschiede,
unterscheiden,
unterschiedlich
der **Unterschlupf**,
die Unterschlüpfe
die **Unterschrift**,
die Unterschriften,
unterschreiben

**unterstützen**
→ stützen,
die Unterstützung
**untersuchen**
→ suchen,
die Untersuchung
die **Unterwäsche**
**unterwegs**
**unterwürfig**,
unterwerfen,
die Unterwerfung
**unvergesslich**
**unvernünftig**
**unverschämt**,
die Unverschämtheit
**unverständlich**
**unverzüglich**
**unvorsichtig**
das **Unwetter**,
die Unwetter
**unwissend**
**unzählig**
**unzertrennlich**
**unzufrieden**,
die Unzufriedenheit
**üppig**
**uralt**
der **Uranus** (Planet)
die **Urgroßeltern**
der **Urin**

A
B
C
D
E
F
G
H
I
J
K
L
M
N
O
P
Q
R
S
T
**U**
**V**
W
X
Y
Z

die **Urkunde**,
die Urkunden
der **Urlaub**, die Urlaube,
die Urlauber
die **Urne**, die Urnen
die **Ursache**,
die Ursachen
der **Ursprung**,
die Ursprünge,
ursprünglich
das **Urteil**, die Urteile,
urteilen
der **Urwald**, die Urwälder
die **USA** (Vereinigte Staaten
von Amerika)
die **UV-Strahlen** (ultra-
violette Strahlen)

**V**

**Vaduz** (Hauptstadt von
Liechtenstein)
der **Vagabund**,
die Vagabunden
**vage** (unbestimmt)
die **Vagina**, die Vaginen

**Valentinstag**
(14. Februar)
**Valletta** (Hauptstadt
von Malta)
der **Vampir**, die Vampire
die **Vanille**, das Vanilleeis
die **Vase**, die Vasen
der **Vater**, die Väter,
väterlich, der Vati,
das Vaterunser
der **Vatikan** (Wohnsitz des
Papstes in Rom)
der **Vegetarier**,
die Vegetarier,
vegetarisch
die **Vegetation**
(Pflanzenwelt),
die Vegetationen
das **Veilchen**, die Veilchen
die **Vene** (Blutgefäß),
die Venen
das **Ventil**, die Ventile
der **Ventilator**,
die Ventilatoren
die **Venus** (Planet)
**verabreden**,
er verabredet,
die Verabredung
**verabschieden**,
sie verabschiedet,

die Verabschiedung

**verachten,**
er verachtet,
die Verachtung

die **Veranda,**
die Veranden

**verändern,**
sie verändert,
veränderlich,
die Veränderung

**veranstalten,**
er veranstaltet,
die Veranstaltung

die **Verantwortung,**
verantworten

das **Verb,** die Verben

der **Verband,**
die Verbände,
das Verbandszeug

**verbergen** → *bergen*

**verbessern,**
sie verbessert,
die Verbesserung

sich **verbeugen,**
er verbeugt sich,
die Verbeugung

**verbieten,**
sie verbietet,
ich verbot,
er hat verboten

**verbinden** → *binden,*
die Verbindung,
verbindlich

**verblüffen,**
er verblüfft,
die Verblüffung

das **Verbot,** die Verbote

**verbrauchen,**
sie verbraucht,
die Verbraucher

das **Verbrechen,**
die Verbrechen,
die Verbrecher

**verbreiten,**
die Verbreitung

**verbrennen**
→ *brennen,*
die Verbrennung

der **Verdacht,**
verdächtigen,
verdächtig

**verdammen,**
sie verdammt,
die Verdammung

**verdauen,** er verdaut,
die Verdauung,
verdaulich

**verdecken,**
sie verdeckt,
das Verdeck

ver|der|ben,
es verdirbt,
es verdarb,
es ist verdorben,
das Verderben,
verderblich
ver|die|nen,
sie verdient,
der Verdienst
ver|dop|peln,
er verdoppelt,
die Verdoppelung
ver|dor|ren, es verdorrt
ver|dun|keln,
er verdunkelt,
die Verdunkelung
ver|dün|nen,
sie verdünnt,
die Verdünnung
ver|duns|ten,
es verdunstet,
die Verdunstung
ver|durs|ten,
er verdurstet
ver|dutzt
ver|eh|ren, sie verehrt,
die Verehrung
der Ver|ein, die Vereine,
vereinen, vereinigen,
die Vereinigung

ver|ein|ba|ren,
er vereinbart,
die Vereinbarung
ver|ein|zelt
ver|fah|ren → *fahren*,
das Verfahren
ver|fas|sen,
sie verfasst,
die Verfasser,
die Verfassung
ver|fil|men, er verfilmt,
die Verfilmung
ver|flixt
ver|flu|chen → fluchen
ver|fol|gen, sie verfolgt,
die Verfolgung
die Ver|gan|gen|heit,
vergangen,
vergänglich
der Ver|ga|ser,
die Vergaser
ver|ge|ben, er vergibt,
ich vergab,
sie hat vergeben,
die Vergebung
ver|ge|bens, vergeblich
ver|ges|sen, er
vergisst, ich vergaß,
sie hat vergessen,
die Vergesslichkeit,

vergesslich
vergeuden,
  er vergeudet
vergiften, sie vergiftet,
  die Vergiftung
das Vergissmeinnicht
vergleichen,
  er vergleicht,
  ich verglich,
  sie hat verglichen,
  der Vergleich
das Vergnügen,
  die Vergnügen,
  sich vergnügen
vergrößern,
  er vergrößert,
  die Vergrößerung
verhaften,
  sie verhaftet,
  die Verhaftung
das Verhalten,
  sich verhalten
das Verhältnis,
  die Verhältnisse,
  verhältnismäßig
das Verhältniswort
  (Präposition),
  die Verhältniswörter
verhandeln,
  er verhandelt,

die Verhandlung
verheerend
verheimlichen,
  sie verheimlicht
verheiratet
verhindern,
  sie verhindert,
  die Verhinderung
das Verhör, die Verhöre,
  verhören
verhüten, er verhütet,
  die Verhütung
sich verirren,
  sie verirrt sich
verkaufen → kaufen,
  der Verkauf,
  die Verkäufer
der Verkehr,
  verkehrssicher
verkehrt (falsch)
verkleiden,
  er verkleidet sich,
  die Verkleidung
die Verkündigung
  [Verkündung],
  verkündigen
verkürzen → kürzen
der Verlag, die Verlage,
  die Verleger
verlangen, er verlangt

A
B
C
D
E
F
G
H
I
J
K
L
M
N
O
P
Q
R
S
T
U
V
W
X
Y
Z

verlängern,
sie verlängert,
die Verlängerung
verlassen, er verlässt,
ich verließ,
sie hat verlassen
verlässlich
verlaufen → *laufen*
verlegen, er verlegt,
die Verlegenheit,
sie ist verlegen
verleihen → *leihen*,
der Verleih
verletzen, er verletzt,
die Verletzung,
die Verletzten
sich verlieben → lieben,
verliebt,
die Verliebten
verlieren, sie verliert,
ich verlor,
er hat verloren
das Verlies, die Verliese
die Verlobung,
die Verlobungen,
sich verloben
verlocken, er verlockt,
die Verlockung
verlosen, sie verlost,
die Verlosung

der Verlust, die Verluste
sich vermählen,
er vermählt sich,
die Vermählung
vermehren,
sie vermehrt,
die Vermehrung
vermeiden → *meiden*,
vermeidbar
vermieten,
er vermietet,
die Vermieter
vermissen,
sie vermisst,
die Vermissten
das Vermögen,
die Vermögen,
vermögend
vermuten,
er vermutet,
die Vermutung,
vermutlich
vernachlässigen,
sie vernachlässigt,
die Vernachlässigung
vernehmen
→ *nehmen*,
die Vernehmung
verneigen → neigen,
die Verneigung

vernichten,
er vernichtet,
die Vernichtung
die **Vernunft**, vernünftig
**verpacken** → packen,
die Verpackung
**verpassen**,
sie verpasst
die **Verpflegung**,
verpflegen
die **Verpflichtung**,
verpflichten
**verprügeln** → prügeln
**verraten**, er verrät,
ich verriet, sie hat
verraten, der Verrat,
die Verräter,
verräterisch
sich **verrechnen**
→ rechnen
**verreiben** → *reiben*
**verreisen** → reisen
**verrenken**,
sie verrenkt sich,
die Verrenkung
**verrosten**,
es verrostet
**verrückt**, verrückt
sein, die Verrückten
der **Vers** (Zeile eines

Gedichtes), die Verse
**versagen**, er versagt,
die Versager
**versammeln**,
sie versammelt
die Versammlung
**versäumen**,
er versäumt,
das Versäumnis
**verschieden**
**verschlafen**
→ *schlafen*
**verschlampen**,
sie verschlampt
**verschlechtern**,
er verschlechtert
**verschließen**
→ *schließen*,
der Verschluss
**verschmutzen**,
sie verschmutzt,
die Verschmutzung
**verschnupft**
**verschwenden**,
er verschwendet,
die Verschwendung
**verschwinden**,
sie verschwindet,
ich verschwand,
er ist verschwunden

A
B
C
D
E
F
G
H
I
J
K
L
M
N
O
P
Q
R
S
T
U
V
W
X
Y
Z

das **Ver|se|hen**,
   die Versehen,
   versehentlich
**ver|sen|den** → *senden*,
   der Versand
**ver|sen|ken** → senken
**ver|set|zen**, er versetzt,
   die Versetzung
**ver|si|chern**,
   sie versichert,
   die Versicherung
**ver|söh|nen**,
   er versöhnt,
   die Versöhnung
**ver|sor|gen** → sorgen,
   die Versorgung
sich **ver|spä|ten**,
   er verspätet sich,
   die Verspätung
**ver|spre|chen**
   → *sprechen*,
   das Versprechen
der **Ver|stand**, verständig
**ver|stän|di|gen**,
   sie verständigt,
   die Verständigung,
   verständlich,
   das Verständnis,
   verständnisvoll
der **Ver|stär|ker**,

die Verstärker,
   verstärken
**ver|stau|chen**,
   er verstaucht,
   die Verstauchung
**ver|ste|cken**,
   sie versteckt,
   das Versteck
**ver|ste|hen**,
   er versteht,
   ich verstand,
   sie hat verstanden
**ver|stei|gern**,
   er versteigert,
   die Versteigerung
die **Ver|stei|ne|rung**,
   die Versteinerungen
**ver|stopft**
der **Ver|such**, die
   Versuche, versuchen
**ver|tei|di|gen**,
   sie verteidigt,
   die Verteidigung,
   die Verteidiger
**ver|tei|len**, er verteilt,
   die Verteilung
der **Ver|trag**, die Verträge
**ver|tra|gen**, er verträgt,
   ich vertrug,
   sie hat vertragen

das **Ver|trau|en**, vertrauen,
vertraulich, vertraut
**ver|träumt**
**ver|trei|ben** → *treiben*,
die Vertreibung
**ver|tre|ten** → *treten*,
die Vertreter,
die Vertretung
**ver|un|glü|cken**,
er verunglückt
**ver|ur|tei|len**,
sie verurteilt,
die Verurteilung
**ver|viel|fäl|ti|gen**,
er vervielfältigt
**ver|wah|ren**,
sie verwahrt etwas
**ver|wal|ten**,
er verwaltet,
die Verwaltung
**ver|wan|deln**,
sie verwandelt,
die Verwandlung
**ver|wandt**,
die Verwandtschaft,
die Verwandte
**ver|wech|seln**,
er verwechselt,
die Verwechslung
**ver|wei|gern**,

sie verweigert,
die Verweigerung
der **Ver|weis**, die Verweise
**ver|wel|ken**,
sie verwelkt
**ver|wen|den**
→ wenden,
die Verwendung
**ver|wir|ren**, er verwirrt,
die Verwirrung
**ver|wit|tern**,
es verwittert,
die Verwitterung
**ver|wöh|nen**,
sie verwöhnt
**ver|wun|den**,
er verwundet sich,
die Verwundung,
die Verwundeten,
verwundbar
**ver|wun|dert**,
verwundern,
die Verwunderung
**ver|zau|bert**,
die Verzauberung
**ver|zeh|ren**, sie
verzehrt, der Verzehr
das **Ver|zeich|nis**,
die Verzeichnisse,
verzeichnen

A B C D E F G H I J K L M N O P Q R S T U V W X Y Z

verzeihen, er verzeiht,
ich verzieh,
sie hat verziehen,
die Verzeihung
verzichten,
sie verzichtet,
der Verzicht
verzieren, er verziert,
die Verzierung
verzögern → zögern,
die Verzögerung
verzweifeln,
sie verzweifelt,
die Verzweiflung
die [das] Vesper (Mahlzeit),
die Vespern, vespern
der Vetter, die Vettern
das Video, die Videos,
die Videothek
das Vieh, die Viehzucht
viel, mehr,
am meisten,
vielfältig, vielmals,
Vergleich: fiel → *fallen*
vielleicht
vier, vierzehn, vierzig,
vierfach, viertens,
das Viereck, viereckig
das Viertel, die Viertel,
eine Viertelstunde

die Villa, die Villen
violett
die Violine (Geige),
die Violinen
der [das] Virus, die Viren
die Visite, die Visiten
das Visum, die Visa [Visen]
das Vitamin, die Vitamine
die Vitrine, die Vitrinen
der Vogel, die Vögel
die Vokabel,
die Vokabeln
der Vokal (Selbstlaut),
die Vokale
das Volk, die Völker
voll, völlig, vollenden,
vollkommen,
vollständig
der Volleyball,
die Volleybälle
vom (von dem)
von, voneinander
vor
voran, voranlaufen
voraus,
voraussichtlich,
die Voraussetzung,
im Voraus
vorbei, vorbeilaufen
vorbereiten,

er bereitet vor,
die Vorbereitung
**vorbeugen**,
sie beugt vor,
die Vorbeugung
das **Vorbild**, die Vorbilder,
vorbildlich
**vordere**,
das Vorderrad
die **Vorfahrt**
der **Vorfall**, die Vorfälle
der **Vorgang**, die
Vorgänge, vorgehen,
die Vorgänger
die **Vorgesetzte**,
die Vorgesetzten
**vorgestern**
**vorhanden**
der **Vorhang**,
die Vorhänge
**vorher**,
die Vorhersage
**vorhin**
**vorig**, vorige Woche
**vorkommen**
→ *kommen*,
es kommt vor
die **Vorlage**, die Vorlagen
**vorläufig**
**vorlaut**, vorlaut sein

**vorlegen**, er legt vor
**vorlesen**, sie liest vor,
ich las vor,
er hat vorgelesen
der **Vormittag**,
die Vormittage, am
Vormittag, vormittags
**vorn**, vorne, vornüber
der **Vorname**,
die Vornamen
**vornehm**
der **Vorort**, die Vororte
der **Vorrat**, die Vorräte,
vorrätig
**vorsagen** → sagen
der **Vorsatz**, die Vorsätze
die **Vorschau**
der **Vorschlag**,
die Vorschläge
die **Vorschrift**,
die Vorschriften
die **Vorsicht**, vorsichtig
die **Vorsilbe**,
die Vorsilben
der **Vorsprung**
der **Vorstand**,
die Vorstände
die **Vorstellung**,
die Vorstellungen,
vorstellen

der **Vor|teil**, die Vorteile,
vorteilhaft
der **Vor|trag**, die Vorträge,
vortragen
**vor|treff|lich**
**vo|r|ü|ber**,
vorübergehend
die **Vor|wahl**,
die Vorwahlen
**vor|wärts**
**vor|wie|gend**
der **Vor|wurf**, die Vorwürfe,
vorwerfen
der **Vor|zug**, die Vorzüge,
vorzüglich
der **Vul|kan**, die Vulkane,
vulkanisch

# W

die **Waa|ge**, die Waagen,
waagerecht
[waagrecht]
die **Wa|be**, die Waben
die **Wa|che**, die Wachen,
die Wächter

**wa|chen**, sie wacht,
wach, wachsam,
die Wachsamkeit
das **Wachs**, die Wachse,
das Bienenwachs
**wach|sen**, er wächst,
ich wuchs,
sie ist gewachsen,
das Gewächs,
der Wuchs,
das Wachstum
**wa|ckeln**, sie wackelt,
wackelig [wacklig]
die **Wa|de**, die Waden
die **Waf|fe**, die Waffen
die **Waf|fel**, die Waffeln
**wa|gen**, er wagt,
das Wagnis,
waghalsig
der **Wa|gen**, die Wagen,
das Wagenrad
der **Wag|gon** [Wagon],
die Waggons
die **Wahl**, die Wahlen,
die Wähler, wählen,
Vergleich: → Wal
**wahn|sin|nig**,
der Wahnsinn
**wahr**, die Wahrheit,
wahrscheinlich,

wahrlich,
Vergleich: → war
wäh|rend,
währenddessen
wahr|neh|men
→ *nehmen*,
die Wahrnehmung
wahr|sa|gen,
er wahrsagt,
die Wahrsagerin
wahr|schein|lich
die Wäh|rung,
die Währungen
das Wahr|zei|chen,
die Wahrzeichen
die Wai|se, die Waisen,
das Waisenkind,
Vergleich: → Weise
der Wal (Meerestier),
die Wale,
Vergleich: → Wahl
der Wald, die Wälder
der Wall (Erdwall),
die Wälle
die Wall|fahrt,
die Wallfahrten
die Wal|nuss,
die Walnüsse
das Wal|ross, die Walrosse
die Wal|ze, die Walzen,

walzen
wäl|zen, er wälzt sich
der Wal|zer (Tanz)
die Wand, die Wände
der Wan|del, wandeln
wan|dern, sie wandert,
die Wanderer
[Wandrer],
die Wanderung
die Wan|ge, die Wangen
wan|ken, er wankt
wann
die Wan|ne, die Wannen
die Wan|ze, die Wanzen
das Wap|pen, die Wappen
war → *sein*,
es war einmal,
Vergleich: → wahr
wä|re → *sein*,
das wäre schön
die Wa|re, die Waren
warm, wärmer,
am wärmsten
die Wär|me, wärmen,
die Wärmflasche
war|nen, sie warnt,
die Warnung
War|schau (Hauptstadt
von Polen)
ihr wart, du warst → *sein*

A
B
C
D
E
F
G
H
I
J
K
L
M
N
O
P
Q
R
S
T
U
V
W
X
Y
Z

A
B
C
D
E
F
G
H
I
J
K
L
M
N
O
P
Q
R
S
T
U
V
**W**
X
Y
Z

warten, er wartet,
das Wartezimmer,
die Wärter
warum
die Warze, die Warzen
was
die Wäsche,
die Wäscherei,
der Waschlappen
waschen, sie wäscht,
ich wusch,
er hat gewaschen
das Wasser, wasserdicht,
der Wasserhahn,
wässrig
waten, er watet durch
das Watt
die Watsche (Ohrfeige),
die Watschen
watscheln,
sie watschelt
das Watt, 40 Watt,
das Wattenmeer
die Watte, wattiert
das WC (Toilette),
die WCs [WC]
weben, er webt,
der Webrahmen
wechseln,
sie wechselt,

der Wechsel
der Weck (Brötchen) [die
Wecke, der Wecken],
die Wecke [Wecken]
wecken, sie weckt ihn
auf, der Wecker
wedeln, er wedelt
weder,
weder er noch sie
weg, er geht weg,
wegfahren,
weggehen,
weglaufen,
wegnehmen,
wegwerfen
der Weg, die Wege,
der Wegweiser
wegen,
wegen der Tiere
weh, es tut weh,
wehleidig
die Wehe, die Wehen,
die Schneewehe,
die Geburtswehen
wehen, der Wind weht
wehren, sie wehrt
sich, wehrlos
das Wehwehchen,
die Wehwehchen
das Weib, die Weiber,

weiblich

**weich**

die **Weiche**, die Weichen

**weichen**, er weicht,
ich wich,
sie ist gewichen

die **Weide**, die Weiden

sich **weigern**, sie weigert
sich, die Weigerung

**weihen**, die Weihe,
der Weihrauch

der **Weiher** (Teich),
die Weiher

**Weihnachten**,
die Weihnacht,
weihnachtlich,
der Weihnachtsbaum

**weil**

die **Weile**,
nach einer Weile

der **Wein**, die Weine,
die Weinlese

**weinen**, sie weint,
weinerlich

**weise**, weise sein, die
Weisheit, die Weisen,
weismachen

die **Weise**,
die Art und Weise,
Vergleich: → Waise

**weisen**, er weist die
Richtung, ich wies,
sie hat gewiesen

**weiß**

**Weißrussland**,
die Weißrussen,
weißrussisch

**weit**, weiter,
am weitesten, ohne
Weiteres, die Weite

**weiterfahren**
→ *fahren*,
weitergehen,
weiterlaufen,
weitersagen

**weitsichtig**

der **Weizen**,
das Weizenmehl

**welch**, welche,
welcher, welches

**welken**, die Blume
welkt, sie ist welk

die **Welle**, die Wellen

der **Wellensittich**,
die Wellensittiche

der **Welpe**, die Welpen

die **Welt**, die Welten, das
Weltall, weltberühmt

**wem**, wem gehört es?

**wen**, wen magst du?

die **Wendeltreppe**,
  die Wendeltreppen
**wenden**, er wendet
  das Auto, wendig,
  die Wendung
**wenden**, er wendet
  sich an sie,
  ich wandte,
  sie hat gewandt
**wenig**, wenigstens
**wenn**, wenn ich reich
  wäre, ...
**wer**, wer bist du?
**werben**, sie wirbt,
  ich warb,
  er hat geworben,
  die Werbung
**werden**, du wirst,
  er wird, ich wurde,
  sie ist geworden
**werfen**, sie wirft,
  ich warf, er hat
  geworfen, der Wurf
die **Werft**, die Werften
das **Werk**, die Werke,
  die Werkstatt, das
  Werkzeug, werktags
der **Wert**, die Werte,
  wertvoll, wertlos,
  wert sein, werten

das **Wesen**, die Wesen
  **wesentlich**
die **Weser** (Fluss)
  **weshalb**
die **Wespe**, die Wespen
  **wessen**
die **Weste**, die Westen
der **Westen**, westlich,
  der Western
  **Westfalen**,
  die Westfalen,
  westfälisch
  **weswegen**
**wetten**, er wettet,
  die Wette,
  der Wettbewerb
das **Wetter**,
  der Wetterbericht,
  die Wettervorhersage
**wetzen**, sie wetzt,
  ein Messer
der **Wicht**, die Wichte, das
  Wichtelmännchen
**wichtig**,
  die Wichtigkeit
**wickeln**, er wickelt,
  der Wickel
der **Widder**, die Widder
**wider** (gegen, entgegen),
  der Widerwille,

widerwillig,
der Widerstand,
widersprechen,
der Widerspruch,
widerrufen,
die Widerworte,
widerlegen,
widerlich,
Vergleich: → wieder
widmen, er widmet,
die Widmung
wie, wie viel?,
wie bitte?
wieder (noch mal,
erneut), wiederholen,
wiederum,
die Wiederholung,
das Wiedersehen,
Vergleich: → wider
wiegen (Gewicht),
er wiegt, ich wog,
sie hat gewogen
wiegen (schaukeln),
sie wiegt, die Wiege
wiehern, es wiehert
Wien (Hauptstadt von
Österreich),
die Wiener,
wienerisch
Wiesbaden

die Wiese, die Wiesen
das Wiesel, die Wiesel
wieso, wieso ist es so?
der Wikinger,
die Wikinger
wild, wilder,
am wildesten,
wildfremd
das Wild, die Wildnis,
das Wildschwein
der Wille, willensstark,
willig
willkommen
willkürlich, die Willkür
Wilna (Hauptstadt
von Litauen)
wimmeln, es wimmelt
wimmern, sie wimmert
der Wimpel, die Wimpel
die Wimper, die Wimpern
der Wind, die Winde,
windig, windstill,
die Windstärke
die Windel, die Windeln
winden, er windet,
ich wand,
sie hat gewunden,
die Windung
der Winkel, die Winkel
winken, sie winkt

A
B
C
D
E
F
G
H
I
J
K
L
M
N
O
P
Q
R
S
T
U
V
**W**
X
Y
Z

winseln, sie winselt,
das Winseln
der **Winter**, die Winter,
winterlich
der **Winzer**, die Winzer
winzig, winziges,
winziger,
der Winzling
der **Wipfel**, die Wipfel
wippen, er wippt,
die Wippe
wir
wirbeln, sie wirbelt,
der Wirbel,
der Wirbelwind,
die Wirbelsäule
wird → *werden*
wirken, es wirkt,
die Wirkung, wirksam
wirklich,
die Wirklichkeit
wirr, der Wirrwarr
der **Wirsing** (Wirsingkohl)
die **Wirtin**, die Wirte,
der Wirt,
das Wirtshaus
die **Wirtschaft**,
wirtschaften
wischen, er wischt,
der Wischer

wispern, sie wispert
wissen, er weiß,
ich wusste,
sie hat gewusst,
das Wissen,
die Wissenschaft,
die Wissenschaftler
wittern, er wittert,
die Witterung
die **Witwe**, die Witwen,
der Witwer
der **Witz**, die Witze, witzig,
der Witzbold, witzlos
wo
woanders
wobei
die **Woche**, die Wochen,
wochenlang,
wöchentlich,
das Wochenende
wodurch
wofür
die **Woge**, die Wogen
woher, wohin
wohl, wohlhabend,
der Wohlstand,
das Wohl
wohnen, sie wohnt,
die Wohnung,
wohnlich

der **Wolf**, die Wölfe
die **Wolke**, die Wolken,
    wolkig
die **Wolle**, das Wollknäuel
    **wollen**, er will,
    ich wollte,
    sie hat gewollt
    **woran**, womit, worauf,
    woraus, worin,
    worüber, worum,
    wovon, wovor, wozu
das **Wort**, die Wörter
    [Worte], wörtlich,
    das Wörterbuch
das **Wrack**, die Wracks
    [Wracke]
    **wringen**, sie wringt,
    ich wrang,
    er hat gewrungen
    **wuchern**, es wuchert
die **Wucht**, wuchtig
    **wühlen**, er wühlt
die **Wunde**, die Wunden,
    wund
das **Wunder**, die Wunder,
    wunderbar,
    wundervoll
sich **wundern**,
    sie wundert sich
der **Wunsch**, die

    Wünsche, wünschen
die **Würde**, die Würden
der **Wurf**, die Würfe
der **Würfel**, die Würfel,
    würfeln
    **würgen**, er würgt
der **Wurm**, die Würmer,
    wurmstichig
die **Wurst**, die Würste,
    das Würstchen
die **Würze**, würzen,
    würzig
die **Wurzel**, die Wurzeln
die **Wüste**, die Wüsten,
    wüst
die **Wut**, wütend, wüten

die **X-Beine**
    **x-beliebig**
    **x-fach**
    **x-mal**
das **Xylofon** [Xylophon]
    (Musikinstrument),
    die Xylofone

A
B
C
D
E
F
G
H
I
J
K
L
M
N
O
P
Q
R
S
T
U
V
**W**
**X**
Y
Z

# Y

der **Yak** [Jak] (asiatisches Rind), die Yaks

der **Yen** (japanische Währung), die Yen [Yens]

der **Yeti**, die Yetis

das [der] **Yoga** [Joga]

das **Ypsilon**, die Ypsilons

# Z

die **Zacke** [der Zacken], die Zacken, zackig, gezackt

**zaghaft**

**Zagreb** (Hauptstadt von Kroatien)

**zäh**, zäher, am zähesten, die Zähigkeit

die **Zahl**, die Zahlen, zahllos, zahlreich

**zahlen**, er zahlt, die Zahlung

**zählen**, sie zählt, der Zähler, die Zählung

**zahm**, zähmen, gezähmt, die Zähmung

der **Zahn**, die Zähne, die Zahnpasta

die **Zange**, die Zangen

**zanken**, sie zankt, zänkisch, der Zank

der **Zapfen**, die Zapfen, das Zäpfchen, zapfen

**zappeln**, er zappelt, zappelig [zapplig]

**zart**, die Zartheit

**zärtlich**, die Zärtlichkeit

**zaubern**, sie zaubert, die Zauberei, die Zauberer

der **Zaum**, die Zäume, das Zaumzeug

der **Zaun**, die Zäune

das **Zebra**, die Zebras

die **Zeche**, die Zechen

die **Zecke**, die Zecken

der **Zeh** [die Zehe], die Zehen,

die Zehenspitzen
**zehn**, zehntausend,
zehnfach, zehntens,
der Zehner,
ein Zehntel
**zehren**, er zehrt
das **Zeichen**, die Zeichen
**zeichnen**, er zeichnet,
die Zeichnung,
die Zeichner
**zeigen**, sie zeigt,
der Zeiger,
der Zeigefinger
die **Zeile**, die Zeilen
die **Zeit**, die Zeiten, eine
Zeit lang, zeitgemäß,
zeitig, zeitweise,
der Zeitvertreib
die **Zeitschrift**,
die Zeitschriften
die **Zeitung**, die Zeitungen
die **Zelle**, die Zellen
das **Zelt**, die Zelte, zelten
der **Zement**, zementieren
die **Zensur**, die Zensuren,
zensieren
der [das] **Zentimeter** [cm],
die Zentimeter
der **Zentner** [Ztr.],
die Zentner

**zentral**, die Zentrale
das **Zentrum**, die Zentren
der **Zeppelin**,
die Zeppeline
**zerbrechen**,
er zerbricht,
ich zerbrach, sie
ist/hat zerbrochen,
zerbrechlich
**zerdrücken**,
sie zerdrückt
**zerfetzen**, sie zerfetzt
**zerkleinern**,
er zerkleinert
**zerknüllen**,
sie zerknüllt
**zerquetschen**,
er zerquetscht
**zerreißen** → *reißen*
**zerren**, er zerrt,
die Zerrung
**zersplittern**,
es zersplittert
**zerstören**, sie zerstört,
die Zerstörung
**zerstreuen** → *streuen*,
die Zerstreuung
**zetern**, er zetert
der **Zettel**, die Zettel
das **Zeug**

A
B
C
D
E
F
G
H
I
J
K
L
M
N
O
P
Q
R
S
T
U
V
W
X
Y
Z

A
B
C
D
E
F
G
H
I
J
K
L
M
N
O
P
Q
R
S
T
U
V
W
X
Y
Z

der **Zeuge**, die Zeugen

das **Zeugnis**,
die Zeugnisse

die **Zicke** (Ziege),
die Zicken, zickig

im **Zickzack** rennen

die **Ziege**, die Ziegen

der **Ziegel**, die Ziegel

**ziehen**, sie zieht,
ich zog,
er hat gezogen,
die Ziehung

das **Ziel**, die Ziele, zielen,
ziellos, zielstrebig

**ziemlich**

die **Zier** [Zierde],
die Zierleiste

sich **zieren**, er ziert sich

**zierlich**

die **Ziffer**, die Ziffern

die **Zigarette**,
die Zigaretten

die **Zigarre**, die Zigarren

das **Zimmer**, die Zimmer,
der Zimmermann

**zimperlich**

der **Zimt**, Zimt und Zucker

das **Zink**, das Zinkblech

das **Zinn** (Metall)

der **Zins**, die Zinsen

der **Zipfel**, die Zipfel,
die Zipfelmütze

der **Zirkel**, die Zirkel

der **Zirkus** [Circus],
die Zirkusse

**zirpen**, die Grille zirpt

**zischen**, es zischt

das **Zitat**, die Zitate,
zitieren

die **Zitrone**, die Zitronen,
die Zitrusfrucht

**zittern**, sie zittert,
zittrig [zitterig]

die **Zitze**, die Zitzen

**zivil**, die Zivilisten,
die Zivilisation

**zögern**, er zögert,
zögernd

der **Zoll**, die Zölle, die
Zöllner, verzollen

der **Zollstock**,
die Zollstöcke

die **Zone**, die Zonen

der **Zoo**, die Zoos

der **Zopf**, die Zöpfe

der **Zorn**, zornig

**zottelig** [zottlig]

**zu**

**zuallererst**,
zuallerletzt

das **Zubehör**
**zubereiten**, er bereitet
zu, die Zubereitung
die **Zucht**, züchten,
die Züchtung
**zucken**, sie zuckt,
die Zuckung
der **Zucker**, zuckern,
zuckersüß
**zudecken**, sie deckt
zu, zugedeckt
**zueinander**
**zu Ende**
**zuerst**
die **Zufahrt**, die Zufahrten
der **Zufall**, die Zufälle,
zufällig
**zufrieden**,
zufrieden sein,
die Zufriedenheit
der **Zug**, die Züge
**zugeben** → *geben*,
die Zugabe
der **Zügel**, die Zügel,
zügeln
**zügig** (schnell)
**zugleich**
**zugrunde** [zu Grunde]
gehen
**zugunsten**

[zu Gunsten]
**zuhalten** → *halten*
das **Zuhause**, unser
Zuhause, zu Hause
[zuhause] sein
**zuhören**, sie hört zu,
die Zuhörer
**zuklappen** → klappen
**zukleben** → kleben
**zuknöpfen**, sie knöpft
zu, zugeknöpft
die **Zukunft**, zukünftig
**zulassen** → *lassen*
**zulässig**
**zuletzt**
**zuliebe**, mir zuliebe
**zum** (zu dem)
**zum Beispiel** [z.B.]
**zumachen** → machen
**zumindest**
**zumuten**, er mutet zu,
die Zumutung
**zunächst**
der **Zuname** (Familien-
name), die Zunamen
**zünden**, sie zündet,
die Zündung,
zündeln
**zunehmen**, er nimmt
zu, die Zunahme

A
B
C
D
E
F
G
H
I
J
K
L
M
N
O
P
Q
R
S
T
U
V
W
X
Y
Z

die **Zuneigung**
**zünftig**
die **Zunge**, die Zungen
**züngeln**, sie züngelt
**zupfen**, er zupft
**zur** (zu der)
**zurechtkommen**
→ *kommen,*
sich zurechtfinden
**zürnen**, er zürnt
**zurück**, zurückgeben,
zurückgehen,
zurückkehren,
zurückkommen
der **Zuruf**, die Zurufe,
zurufen
**zurzeit** (jetzt)
die **Zusage**, die Zusagen
**zusammen**,
zusammen sein
die **Zusammenarbeit**,
zusammenarbeiten
**zusammenbrechen**,
er bricht zusammen,
der Zusammenbruch
**zusammenfassen**, er
fasst zusammen, die
Zusammenfassung
**zusammenhängen**,
es hängt zusammen,

der **Zusammenhang**
**zusammensetzen**, sie
setzt zusammen, die
Zusammensetzung
**zusammenstoßen**,
er stößt zusammen,
der Zusammenstoß
der **Zusatz**, die Zusätze
**zusätzlich**
der **Zuschauer**,
die Zuschauer,
zuschauen
**zuschließen**
→ *schließen*
**zusehen** → *sehen*
**zusehends**
der **Zustand**,
die Zustände,
zustande bringen
**zuständig**
**zustimmen**, sie stimmt
zu, die Zustimmung
die **Zutat**, die Zutaten
**zutraulich**,
das Zutrauen
der **Zutritt**, kein Zutritt
**zuverlässig**,
die Zuverlässigkeit
**zuversichtlich**,
die Zuversicht

zu viel, zu viele
zu|vor, zuvorkommen
zu|wei|len
die Zu|wen|dung,
die Zuwendungen
zu we|nig, zu wenige
zu|wi|der
der Zwang, die Zwänge,
zwängen, gezwängt
zwan|zig, zwanzigfach
zwar
der Zweck, die Zwecke,
zwecklos, zwecks,
zweckmäßig
zwei, zweimal,
zu zweit, zweifach,
zweitens
der Zwei|fel, die Zweifel,
zweifeln, zweifellos,
zweifelhaft
der Zweig, die Zweige
der Zwerg, die Zwerge
die Zwet|sche (Pflaume)
[Zwetschge,
Zwetschke],
die Zwetschen
zwi|cken, sie zwickt,
die Zwickmühle
der Zwie|back,
die Zwiebäcke

die Zwie|bel, die Zwiebeln
der Zwie|laut (Diphthong),
die Zwielaute
zwie|späl|tig,
der Zwiespalt
der Zwil|ling, die Zwillinge
zwin|gen, er zwingt,
ich zwang,
sie hat gezwungen
der Zwin|ger (Tierkäfig),
die Zwinger
zwin|kern, sie zwinkert
der Zwirn, die Zwirne
zwi|schen,
zwischendurch,
der Zwischenfall
der Zwist (Streit), die Zwiste
zwit|schern, der
Vogel zwitschert
zwölf, zwölffach,
zwölfmal, zwölftens
der Zy|lin|der,
die Zylinder,
der Zylinderhut,
zylindrisch
Zy|pern, die Zyprer,
zyprisch

A
B
C
D
E
F
G
H
I
J
K
L
M
N
O
P
Q
R
S
T
U
V
W
X
Y
Z

# Englisch

## Deutsch – Englisch

## A

| | |
|---|---|
| Abend | *evening* |
| Abendessen | *dinner* |
| aber | *but* |
| Abfall | *rubbish* |
| acht | *eight* |
| achtzehn | *eighteen* |
| achtzig | *eighty* |
| Affe | *monkey* |
| Afrika | *Africa* |
| alle | *all, everybody* |
| alt | *old* |
| Amerika | *America* |
| amerikanisch | *American* |
| Ampel | *traffic lights* |
| an | *at, by* |
| Ananas | *pineapple* |
| ändern | *to change* |
| anfangen | *to begin* |
| Angst | *fear* |
| anhalten | *to stop* |
| ankommen | *to arrive* |
| anrufen | *to call* |
| anschauen | *to watch* |
| Antwort | *answer* |
| anziehen | *to put on* |

| | |
|---|---|
| Apfel | *apple* |
| Apfelsine | *orange* |
| April | *April* |
| arbeiten | *to work* |
| Arbeitsstelle | *job* |
| arm | *poor* |
| Arm | *arm* |
| Armbanduhr | *watch* |
| Arzt, Ärztin | *doctor* |
| Asien | *Asia* |
| atmen | *to breathe* |
| auch | *too, also* |
| auf | *on* |
| Auf Wieder-<br>    sehen | *goodbye* |
| aufstehen | *to get up* |
| Auge | *eye* |
| Augenblick | *moment* |
| August | *August* |
| aus | *from* |
| Ausflug | *trip* |
| Ausgang | *exit* |
| Australien | *Australia* |
| ausziehen | *to take off* |
| Auto | *car* |

## B

| | | | |
|---|---|---|---|
| Baby | *baby* | Besen | *broom* |
| backen | *to bake* | besichtigen | *to visit* |
| Bäcker | *baker* | besser | *better* |
| Bäckerei | *bakery* | Bett | *bed* |
| Backofen | *oven* | beugen | *to bend* |
| baden | *to bathe* | bezahlen | *to pay* |
| Badezimmer | *bathroom* | Bild | *picture* |
| Bahnhof | *station* | billig | *cheap* |
| Ball | *ball* | Birne | *pear* |
| Banane | *banana* | bitte | *please* |
| Bär | *bear* | Blatt | *leaf* (pl.: leaves) |
| Bauch | *tummy* | blau | *blue* |
| bauen | *to build* | bleiben | *to stay* |
| Bauer, Bäuerin | *farmer* | Bleistift | *pencil* |
| Bauernhof | *farm* | Blume | *flower* |
| Baum | *tree* | Bluse | *blouse* |
| Beere | *berry* | Boden | *floor* |
| bei | *at, by* | Bohne | *bean* |
| Bein | *leg* | Boot | *boat* |
| Beispiel | *example* | böse | *bad* |
| bekommen | *to get* | braten | *to fry* |
| benutzen | *to use* | brauchen | *to need* |
| beobachten | *to watch* | braun | *brown* |
| bequem | *comfortable* | Brief | *letter* |
| Berg | *mountain* | Briefkasten | *letter box* |
| | | Briefmarke | *stamp* |
| | | Brille | *glasses* |

| | | | | |
|---|---|---|---|---|
| Brot | *bread* | Dienstag | *Tuesday* |
| Brötchen | *roll* | dies, dieses | *this* |
| Brücke | *bridge* | Donnerstag | *Thursday* |
| Bruder | *brother* | doppelt | *double* |
| Buch | *book* | Dorf | *village* |
| Burg, Schloss | *castle* | Drachen | *kite* |
| Bürste | *brush* | dreckig | *dirty* |
| Bus | *bus* | drehen | *to turn* |
| Bushaltestelle | *bus stop* | drei | *three* |
| Butter | *butter* | dreißig | *thirty* |
| | | dreizehn | *thirteen* |
| | | du | *you* |
| **C** | | dumm | *stupid* |
| | | dunkel | *dark* |
| Computer | *computer* | dünn | *thin* |
| | | durch | *through* |
| | | dürfen | *may* |
| **D** | | durstig | *thirsty* |
| | | Dusche | *shower* |
| da, dort | *there* | | |
| Dach | *roof* | | |
| danke | *thank you* | **E** | |
| Datum | *date* | | |
| dein | *your* | Ecke | *corner* |
| denken | *to think* | Ei | *egg* |
| der, die, das | *the* | ein | *a, an* |
| deutsch | *German* | einfach | *easy* |
| Deutschland | *Germany* | Eingang | *entrance* |
| Dezember | *December* | | |

| | |
|---|---|
| einhundert | *one hundred* |
| einige | *some* |
| einkaufen | *to go shopping* |
| Einladung | *invitation* |
| eins | *one* |
| Eiscreme | *ice cream* |
| elf | *eleven* |
| Eltern | *parents* |
| Engel | *angel* |
| England | *England* |
| englisch | *English* |
| Ente | *duck* |
| Entschuldi- gung! | *sorry* |
| er | *he* |
| Erdbeere | *strawberry* |
| Erde | *earth* |
| erste, erster | *first* |
| erzählen | *to tell* |
| es | *it* |
| essen | *to eat* |
| Essen | *food* |
| Esszimmer | *dining room* |
| etwa | *about* |
| euer, eure | *your* |

## F

| | |
|---|---|
| Fahne | *flag* |
| Fahrer | *driver* |
| Fahrkarte | *ticket* |
| Fahrrad | *bike* |
| Fahrrad fahren | *to cycle, to ride a bike* |
| fallen | *to fall* |
| falsch | *wrong* |
| Familie | *family* |
| fangen | *to catch* |
| Farbe | *colour* |
| Februar | *February* |
| Feder | *feather* |
| Feier | *party* |
| fein | *fine* |
| Feld | *field* |
| Felsen | *rock* |
| Fenster | *window* |
| Ferien | *holidays* |
| fern | *far* |
| fernsehen | *to watch TV* |
| Fernseher | *television* |
| Feuer | *fire* |
| Filzstift | *felt tip* |
| finden | *to find* |

| | | | |
|---|---|---|---|
| Finger | *finger* | fünf | *five* |
| Fisch | *fish (pl.: fish)* | fünfzehn | *fifteen* |
| Flasche | *bottle* | fünfzig | *fifty* |
| Fleisch | *meat* | für | *for* |
| Fliege | *fly* | Fuß | *foot (pl.: feet)* |
| fliegen | *to fly* | Fußball | *football* |
| Flug | *flight* | Fußgänger | *pedestrian* |
| Flügel | *wing* | füttern | *to feed* |
| Flughafen | *airport* | | |
| Flugzeug | *plane* | **G** | |
| Flur | *hall* | | |
| Fluss | *river* | Gabel | *fork* |
| folgen | *to follow* | Garten | *garden* |
| Frage | *question* | Gast | *guest* |
| fragen | *to ask* | geben | *to give* |
| Frau | *woman* | Geburtstag | *birthday* |
| | *(pl.: women)* | gefährlich | *dangerous* |
| Freitag | *Friday* | Gefühl | *feeling* |
| Freund, Freundin | *friend* | gegenüber | *opposite* |
| freundlich | *friendly* | geheim | *secret* |
| frostig | *frosty* | gehen | *to go* |
| Früchte | *fruit* | gehören | *to belong* |
| früh | *early* | gelb | *yellow* |
| Frühling | *spring* | Geld | *money* |
| Frühstück | *breakfast* | Gemüse | *vegetable* |
| Fuchs | *fox* | genug | *enough* |
| Füller | *fountain pen* | geradeaus | *straight ahead* |

| | | | |
|---|---|---|---|
| Geschäft | *shop* | Hals | *neck* |
| Geschenk | *present* | Hamster | *hamster* |
| Geschichte | *story* | Hand | *hand* |
| geschlossen | *closed* | Handschuhe | *gloves* |
| Gesicht | *face* | Handtuch | *towel* |
| Gespenst | *ghost* | hängen | *to hang* |
| gestern | *yesterday* | Hauptstadt | *capital* |
| Getränk | *drink* | Haus | *house* |
| Gitarre | *guitar* | Hausaufgaben | *homework* |
| Glas (Trinkgl.) | *glass* | Haustier | *pet* |
| glücklich | *happy* | Haut | *skin* |
| Gras | *grass* | Heft (Schulheft) | *exercise book* |
| grau | *grey* | Hefter | *folder* |
| groß | *big, tall, great* | heiraten | *to marry* |
| großartig | *great* | heiß | *hot* |
| grün | *green* | helfen | *to help* |
| Gurke | *cucumber* | hellblau | *light blue* |
| Gürtel | *belt* | Helm | *helmet* |
| gut | *good, well* | Hemd | *shirt* |
| | | Herbst | *autumn* |
| | | Herd | *cooker* |

## H

| | | | |
|---|---|---|---|
| | | Herz | *heart* |
| Haar, Haare | *hair* | heute | *today* |
| haben | *to have* | hier | *here* |
| halb | *half* | Himmel | *sky* |
| hallo | *hello* | hinauf | *up* |
| Halloween | *Halloween* | hinter | *behind* |

| | |
|---|---|
| hinunter | *down* |
| Hobby | *hobby* |
| hoch | *high* |
| Honig | *honey* |
| hören | *to hear* |
| Hose | *trousers* |
| Hügel | *hill* |
| Huhn | *chicken* |
| Hund | *dog* |
| hundert | *hundred* |
| hungrig | *hungry* |
| Hut | *hat* |

## I

| | |
|---|---|
| ich | *I* |
| ihm, ihn | *him* |
| ihr | *you; her, their* |
| immer | *always* |
| in | *in* |
| innen | *inside* |
| Insel | *island* |
| Irland | *Ireland* |

## J

| | |
|---|---|
| ja | *yes* |

| | |
|---|---|
| Jacke | *jacket* |
| Jahr | *year* |
| Jahreszeit | *season* |
| Januar | *January* |
| Jeans | *jeans* |
| jeder | *everybody* |
| jetzt | *now* |
| Joghurt | *yoghurt* |
| Juli | *July* |
| jung | *young* |
| Junge | *boy* |
| Juni | *June* |

## K

| | |
|---|---|
| Kaffee | *coffee* |
| Käfig | *cage* |
| Kalender | *calendar* |
| kalt | *cold* |
| Kamel | *camel* |
| Kamm | *comb* |
| Kaninchen | *rabbit* |
| Karte (Land-karte) | *map* |
| Kartoffel | *potato* |
| Käse | *cheese* |
| Katze | *cat* |

| | |
|---|---|
| kaufen | *to buy* |
| Keks | *biscuit* |
| Keller | *cellar* |
| Kerze | *candle* |
| Ketchup | *ketchup* |
| Kind | *child* |
| | *(pl.: children)* |
| Kino | *cinema* |
| Kirche | *church* |
| Kirsche | *cherry* |
| Kiste | *box* |
| Klasse | *class* |
| Klassenraum | *classroom* |
| Klavier | *piano* |
| Kleber | *glue* |
| Kleid | *dress* |
| Kleidung | *clothes* |
| klein | *little, small* |
| klettern | *to climb* |
| klingeln | *to ring* |
| Knie | *knee* |
| Knopf | *button* |
| kochen | *to cook* |
| Koffer | *suitcase* |
| kommen | *to come* |
| König | *king* |
| Königin | *queen* |

| | |
|---|---|
| können | *can* |
| Kopf | *head* |
| Körper | *body* |
| krank | *ill, sick* |
| Krankenhaus | *hospital* |
| Kreide | *chalk* |
| Kreis | *circle* |
| Kreuzung | *crossroads* |
| Krieg | *war* |
| Küche | *kitchen* |
| Kuchen | *cake* |
| Kuh | *cow* |
| Kühlschrank | *fridge* |
| Kürbis | *pumpkin* |
| kurz | *short* |
| küssen | *to kiss* |
| Küste | *coast* |

## L

| | |
|---|---|
| Lampe | *lamp* |
| Land | *country* |
| lang | *long* |
| langsam | *slow* |
| lassen | *to let* |
| laut | *loud* |
| leben | *to live* |

| | | | |
|---|---|---|---|
| Lebensmittel | *food* | malen | *to paint* |
| leer | *empty* | Mann | *man (pl.: men)* |
| legen | *to put* | Mannschaft | *team* |
| Lehrer(in) | *teacher* | Mantel | *coat* |
| leicht | *easy* | Mäppchen | *pencil case* |
| Leiter | *ladder* | Markt | *market* |
| lernen | *to learn* | Marmelade | *jam,* |
| lesen | *to read* | | *marmalade* |
| Leute | *people* | März | *March* |
| Licht | *light* | Mathematik | *maths* |
| lieb | *kind, dear* | Maus | *mouse* |
| lieben | *to love* | | *(pl.: mice)* |
| Lieblings... | *favourite ...* | Meer | *sea* |
| Lied | *song* | mehr | *more* |
| lila | *purple* | mein, meine | *my* |
| Lineal | *ruler* | Messer | *knife (pl.: knives)* |
| links | *left* | Metzger | *butcher* |
| Lippe | *lip* | Milch | *milk* |
| Löffel | *spoon* | Mineralwasser | *mineral water* |
| Löwe | *lion* | Minute | *minute* |
| lustig | *funny* | mir, mich | *me* |
| Lutscher | *lolly* | mit | *with* |
| | | Mittagessen | *lunch* |
| | | Mittwoch | *Wednesday* |

## M

| | | | |
|---|---|---|---|
| | | mögen | *to like* |
| Mädchen | *girl* | Möhre | *carrot* |
| Mai | *May* | Monat | *month* |

| | | | |
|---|---|---|---|
| Mond | *moon* | Nest | *nest* |
| Montag | *Monday* | nett | *nice* |
| morgen | *tomorrow* | neu | *new* |
| Morgen | *morning* | neun | *nine* |
| Motorrad | *motorbike* | neunzehn | *nineteen* |
| müde | *tired* | neunzig | *ninety* |
| Müll | *rubbish* | nicht | *not* |
| Mund | *mouth* | nie | *never* |
| Musik | *music* | Norden | *north* |
| müssen | *must* | November | *November* |
| Mutter | *mother (mum)* | Null | *zero* |
| Mütze | *cap* | Nummer | *number* |
| | | nur | *only* |
| | | Nuss | *nut* |

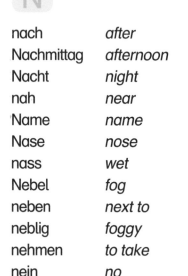

| | | | |
|---|---|---|---|
| nach | *after* | | |
| Nachmittag | *afternoon* | | |
| Nacht | *night* | oben (im Haus) | *upstairs* |
| nah | *near* | Obst | *fruit* |
| Name | *name* | offen | *open* |
| Nase | *nose* | ohne | *without* |
| nass | *wet* | Ohr | *ear* |
| Nebel | *fog* | okay | *okay, OK* |
| neben | *next to* | Oktober | *October* |
| neblig | *foggy* | Oma | *grandmother, grandma* |
| nehmen | *to take* | | |
| nein | *no* | Onkel | *uncle* |

| | |
|---|---|
| Opa | grandfather, grandpa |
| orange | orange |
| Orangensaft | orange juice |
| Ostern | Easter |

## P

| | |
|---|---|
| Palast | palace |
| Pampelmuse | grapefruit |
| Papa | dad, daddy |
| Paprika | bell pepper |
| Park | park |
| Pause | break |
| Pfanne | pan |
| Pfeffer | pepper |
| Pferd | horse |
| Pfirsich | peach |
| Pflaume | plum |
| Pilz | mushroom |
| pink | pink |
| Pinsel | paintbrush |
| Pizza | pizza |
| Platz | place |
| Polizei | police |
| Pommes Frites | chips |
| Post | post office |

| | |
|---|---|
| Pullover | pullover |
| Puppe | doll |
| Puzzle | puzzle |

## R

| | |
|---|---|
| Radiergummi | rubber |
| Radio | radio |
| Ranzen | satchel |
| Raupe | caterpillar |
| rechts | right |
| Regal | shelves |
| Regen | rain |
| Regenbogen | rainbow |
| Regenschauer | shower |
| Regenschirm | umbrella |
| regnerisch | rainy |
| reisen | to travel |
| reiten, fahren | to ride |
| rennen | to run |
| reparieren | to repair |
| Rock | skirt |
| Rose | rose |
| rot | red |
| Rücken | back |
| Rutsche | slide |

# Deutsch–Englisch

## S

| | |
|---|---|
| Saft | juice |
| sagen | to say |
| Salat | salad |
| Salz | salt |
| sammeln | to collect |
| Samstag | Saturday |
| Sandalen | sandals |
| Sandkasten | sandpit |
| Sandwich | sandwich |
| sauber | clean |
| sauer | sour |
| Schachtel | box |
| Schaf | sheep |
| | (pl.: sheep) |
| Schal | scarf |
| | (pl.: scarves) |
| Schauer | shower |
| Schaukel | swing |
| scheinen | to shine |
| Schere | scissors |
| schicken | to send |
| Schiff | ship |
| Schinken | ham |
| Schlafzimmer | bedroom |
| Schlange | snake |

| | |
|---|---|
| schlecht | bad |
| schließen | to close, to shut |
| Schlitten | sledge |
| Schloss, Burg | castle |
| schmecken | to taste |
| Schmetterling | butterfly |
| schmutzig | dirty |
| Schneeball | snowball |
| schneiden | to cut |
| schnell | fast |
| Schokolade | chocolate |
| schön | beautiful, nice |
| Schornstein | chimney |
| Schottland | Scotland |
| Schrank | wardrobe |
| (für Kleider) | |
| schreiben | to write |
| Schreibtisch | desk |
| Schuh | shoe |
| Schule | school |
| Schüler(in) | pupil |
| Schultasche | schoolbag |
| Schulter | shoulder |
| Schüssel | bowl |
| schütteln | to shake |

| | | | |
|---|---|---|---|
| schwarz | *black* | Snowboard | *snowboard* |
| Schwein | *pig* | Socken | *socks* |
| Schwester | *sister* | Sofa | *sofa* |
| schwierig | *difficult* | Sohn | *son* |
| schwimmen | *to swim* | Sommer | *summer* |
| sechs | *six* | Sonne | *sun* |
| sechzehn | *sixteen* | Sonnenbrille | *sunglasses* |
| sechzig | *sixty* | sonnig | *sunny* |
| See | *lake* | Sonntag | *Sunday* |
| sehen | *to see* | Spaghetti | *spaghetti* |
| sehr | *very* | Spaß | *fun* |
| Seife | *soap* | spät | *late* |
| Seil | *rope* | Spiegel | *mirror* |
| sein (Verb) | *to be* | Spiel | *game* |
| sein, seine | *his* | spielen | *to play* |
| Seite | *page* | Spielplatz | *playground* |
| Sekunde | *second* | Spielzeug | *toy* |
| September | *September* | Spinne | *spider* |
| sie (Einzahl) | *she, her* | Spitzer | *sharpener* |
| sie (Mehrzahl) | *they, them* | Sport | *sport* |
| sieben | *seven* | springen | *to jump* |
| siebzehn | *seventeen* | Stadt (klein) | *town* |
| siebzig | *seventy* | Stadt (groß) | *city* |
| Sieger(in) | *winner* | stehen | *to stand* |
| singen | *to sing* | stellen | *to put* |
| sitzen | *to sit* | Stern | *star* |
| Skateboard | *skateboard* | Stiefel | *boot* (pl.: boots) |

| | | | |
|---|---|---|---|
| Stift | *pen* | Tee | *tea* |
| Strand | *beach* | Teller | *plate* |
| Straße | *street, road* | Tennis | *tennis* |
| Straßenbahn | *tram* | teuer | *expensive* |
| Streifen | *stripe* | tief | *deep* |
| Strümpfe | *stockings* | Tier | *animal* |
| Stück | *piece* | Tisch | *table* |
| Stuhl | *chair* | Tischtennis | *table tennis* |
| Stunde | *hour* | Toast | *toast* |
| Stundenplan | *timetable* | Tochter | *daughter* |
| Sturm | *storm* | Toilette | *toilet* |
| Supermarkt | *supermarket* | Tomate | *tomato* |
| Suppe | *soup* | Topf | *pot* |
| süß, Süßigkeit | *sweet* | Tor | *goal* |
| Sweatshirt | *sweatshirt* | Traktor | *tractor* |
| | | Traum | *dream* |
| | | traurig | *sad* |
| T | | treffen | *to meet* |
| | | Treppe | *stairs* |
| Tafel | *blackboard* | trinken | *to drink* |
| Tag | *day* | trocken | *dry* |
| Tal | *valley* | Trommel | *drum* |
| Tante | *aunt* | Tschüss | *bye* |
| tanzen | *to dance* | T-Shirt | *T-shirt* |
| Tasche | *bag* | tun | *to do* |
| Taschenlampe | *torch* | Tunnel | *tunnel* |
| Tasse | *cup* | Tür | *door* |
| Taxi | *taxi* | | |

## U

| | |
|---|---|
| U-Bahn | *underground* |
| über | *about* |
| Übung | *exercise* |
| Uhr | *watch, clock* |
| und | *and* |
| uns | *us* |
| unser, unsere | *our* |
| unten (im Haus) | *downstairs* |
| unter | *under* |
| Unterhose | *underpants* |
| Urlaub | *holidays* |

## V

| | |
|---|---|
| Vater | *father (dad)* |
| vergessen | *to forget* |
| verkaufen | *to sell* |
| verrückt | *crazy* |
| verschwinden | *to disappear* |
| verstecken | *to hide* |
| verstehen | *to understand* |
| viel | *much* |
| viele | *many, a lot of* |
| vielleicht | *perhaps* |
| vier | *four* |

| | |
|---|---|
| vierzehn | *fourteen* |
| vierzig | *forty* |
| violett | *purple* |
| Vogel | *bird* |
| von | *from, by* |
| vor | *in front of* |
| Vormittag | *morning* |

## W

| | |
|---|---|
| Wald | *forest* |
| Wand | *wall* |
| wann | *when* |
| warm | *warm* |
| warten | *to wait* |
| warum | *why* |
| was | *what* |
| waschen | *to wash* |
| Wasser | *water* |
| Wecker | *alarm clock* |
| weich | *soft* |
| Weihnachten | *Christmas* |
| weil | *because* |
| weiß | *white* |
| weit | *far* |
| Welt | *world* |
| wer | *who* |

# Deutsch – Englisch

| | |
|---|---|
| Wetter | *weather* |
| wie | *how* |
| wieder | *again* |
| wiederholen | *to repeat* |
| Wiese | *meadow* |
| wild | *wild* |
| willkommen | *welcome* |
| Wind | *wind* |
| windig | *windy* |
| Winter | *winter* |
| wir | *we* |
| wissen | *to know* |
| Witz | *joke* |
| wo | *where* |
| Woche | *week* |
| Wochenende | *weekend* |
| Wohnung | *flat* |
| Wohnzimmer | *living room* |
| Wolke | *cloud* |
| wolkig | *cloudy* |
| wollen | *to want* |
| Wort | *word* |
| wünschen | *to wish* |
| Würfel | *dice* |
| Wurst | *sausage* |

## Z

| | |
|---|---|
| Zahl | *number* |
| Zahn | *tooth* (pl.: teeth) |
| Zauberer | *wizard* |
| Zaun | *fence* |
| Zebra | *zebra* |
| Zeh | *toe* |
| zehn | *ten* |
| zeichnen | *to draw* |
| zeigen | *to show* |
| Zeit | *time* |
| Ziege | *goat* |
| ziehen | *to pull* |
| Zimmer | *room* |
| Zitrone | *lemon* |
| Zucker | *sugar* |
| Zug | *train* |
| zuhören | *to listen* |
| Zunge | *tongue* |
| zurück | *back* |
| zwanzig | *twenty* |
| zwei | *two* |
| Zwiebel | *onion* |
| zwischen | *between* |
| zwölf | *twelve* |

# Englisch

## Bild – Wort – Lexikon

| Questions | Answers |
|---|---|
| What's this? | It's a ... . |
| Have you got a .... ? | Yes, I have got a ... . |
| | No, I haven't got a ... . |
| Is this your ... ? | Yes, it is. |
| | No, it isn't. |

blackboard     desk     chair     shelves

pencil case     scissors     glue     ruler

paintbox     paintbrush     book     folder

satchel     felt tip     fountain pen     biro

pencil     sharpener     rubber     crayon

| Questions | Answers |
|---|---|
| Do you like ... ? | Yes, I like ... . |
| | No, I don't like ... . |
| Have you got a pet? | Yes, I have got a ... . |
| | No, I haven't got a pet. |

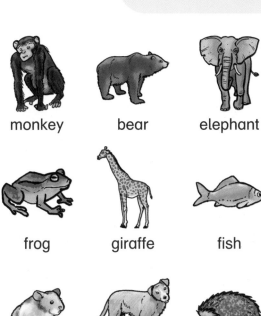

| | | | |
|---|---|---|---|
| monkey | bear | elephant | duck |
| frog | giraffe | fish | cock |
| hamster | dog | hedgehog | rabbit |
| cow | lion | mouse | cat |
| pig | horse | sheep | budgie |

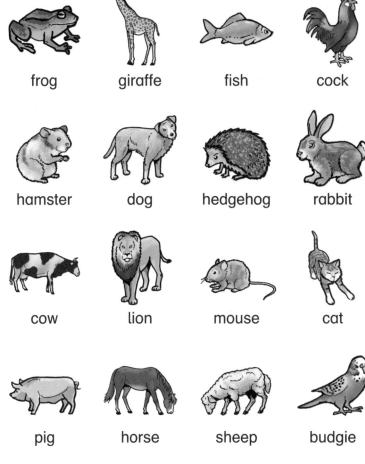

| Questions | Answers |
|---|---|
| What would you like? | I would like ... *pears*, please. |
| | I'd like ... . |
| Can I help you? | *Two* ... please. |
| How much is/are ... ? | It's ... £ (pound)/$ (dollar)/€ (euro). |
| | Here you are. |

apple    pear    cherry    strawberry

pineapple    banana    kiwi    grapes

lemon    orange    plum    pumpkin

lettuce    peas    sweetcorn    onion

carrot    potato    green pepper    mushroom

| Questions | Answers |
|---|---|
| Do you like ... ? | Yes, I like ... . |
| | No, I don't like ... . |
| What's your favourite food? | My favourite food is ... . |
| What's your favourite drink? | My favourite drink is ... . |

honey     cheese     butter     bread

jam     boiled egg     fried egg     toast

lemonade     tea     mineral water     milk

cake     salad     chicken     sandwich

pizza     spaghetti     chips     sausage

# Family

grandfather

grandmother

sister

mother

father

brother

| Questions | Answers |
|---|---|
| Have you got a ... ? | Yes, I have. |
| | No, I haven't. |
| How many ... have you got? | I have got ... *brothers*. |

| Questions | Answers |
|---|---|
| How are you? | I'm fine thanks. |
| What's your name? | My name is ... . |
| Where are you from? | I'm from ... . |
| How old are you? | I'm ... years old. |
| What time is it, please? | It's ... o'clock. |

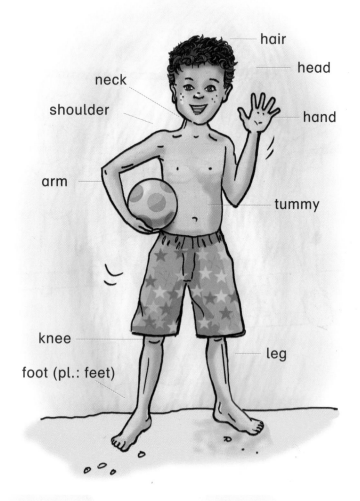

hair

head

neck

shoulder

hand

arm

tummy

knee

leg

foot (pl.: feet)

**Question**

Show me your ... .

**Answers**

This is my ... .

These are my ... .

eye

nose

ear

mouth

teeth

back

socks

trousers

jeans

belt

dress

jacket

trainers

T-shirt

pullover

shirt

shoes

woolly hat

gloves

scarf

| Questions | Answers |
|---|---|
| What would you like to play? | Let's play ... . |
| | Let's go ... . |
| | Let's ... . |
| What's your hobby? | It's ... . |

cards

board game

marbles

hand puppet

doll`s house

train

car

computer

swimming

playing guitar

skating

cycling

listening to music

reading books

inline-skating

playing football

# Colours, numbers, calendar

| red | orange | yellow | green | blue | brown | white | black |

What colour is it?                     It's ... .

---

**1** **2** **3** **4** **5** **6** **7** **8** **9** **10**
one  two  three  four  five  six  seven  eight  nine  ten

**11** **12** **13** **15** **30** **45**
eleven  twelve  thirteen  fifteen  thirty  forty-five

How many ... have you got?          I've got ... *pencils*.

---

| Monday | *Montag* |
| Tuesday | *Dienstag* |
| Wednesday | *Mittwoch* |
| Thursday | *Donnerstag* |
| Friday | *Freitag* |
| Saturday | *Samstag* |
| Sunday | *Sonntag* |

## Questions

When's your birthday?
When's *Christmas/Easter*?

## Answers

My birthday is in ... .
*Easter* is in ... .

## Questions

Where is the ... ?
Where are the ... ?

## Answers

The ... is in the ... .
The ... are in the ... .

 garden

 chimney

 door

 window

 washbasin

 toilet

 washing machine

 shower

 shelves

 clock

 television/TV

 lamp

 armchair

 sofa

 carpet

 bed

 cooker

 fridge

 table

 wardrobe

# Englisch

## Englisch – Deutsch

# A

| | |
|---|---|
| a, an | ein |
| about | etwa, über |
| Africa | Afrika |
| after | nach |
| afternoon | Nachmittag |
| again | wieder |
| airport | Flughafen |
| alarm clock | Wecker |
| all | alle, alles |
| also | auch, ebenfalls |
| always | immer |
| America | Amerika |
| American | amerikanisch |
| and | und |
| angel | Engel |
| animal | Tier |
| answer | Antwort |
| apple | Apfel |
| April | April |
| arm | Arm |
| to arrive | ankommen |
| Asia | Asien |
| to ask | fragen |
| at | an, bei |

| | |
|---|---|
| August | August |
| aunt | Tante |
| Australia | Australien |
| autumn | Herbst |

# B

| | |
|---|---|
| baby | Baby |
| back | Rücken |
| back | zurück |
| bad | böse, schlecht |
| bag | Tasche |
| to bake | backen |
| baker | Bäcker |
| bakery | Bäckerei |
| ball | Ball |
| banana | Banane |
| to bathe | baden |
| bathroom | Badezimmer |
| to be | sein (Verb) |
| beach | Strand |
| bean | Bohne |
| bear | Bär |
| beautiful | schön |
| because | weil |
| bed | Bett |
| bedroom | Schlafzimmer |

| | | | |
|---|---|---|---|
| to begin | *anfangen* | bread | *Brot* |
| behind | *hinter* | break | *Pause* |
| bell pepper | *Paprika* | breakfast | *Frühstück* |
| to belong | *gehören* | to breathe | *atmen* |
| belt | *Gürtel* | bridge | *Brücke* |
| to bend | *beugen* | broom | *Besen* |
| berry | *Beere* | brother | *Bruder* |
| better | *besser* | brown | *braun* |
| between | *zwischen* | brush | *Bürste* |
| big | *groß* | to build | *bauen* |
| bike | *Fahrrad* | bus | *Bus* |
| bird | *Vogel* | bus stop | *Bushaltestelle* |
| birthday | *Geburtstag* | but | *aber* |
| biscuit | *Keks* | butcher | *Metzger* |
| black | *schwarz* | butter | *Butter* |
| blackboard | *Tafel* | butterfly | *Schmetterling* |
| blouse | *Bluse* | button | *Knopf* |
| blue | *blau* | to buy | *kaufen* |
| boat | *Boot* | by | *an, bei, von* |
| body | *Körper* | bye | *Tschüss* |
| book | *Buch* | | |
| boot (pl.: boots) | *Stiefel* | | |

## C

| | | | |
|---|---|---|---|
| bottle | *Flasche* | cage | *Käfig* |
| bowl | *Schüssel* | cake | *Kuchen* |
| box | *Kiste,* | calendar | *Kalender* |
| | *Schachtel* | to call | *anrufen* |
| boy | *Junge* | | |

| | | | |
|---|---|---|---|
| camel | *Kamel* | circle | *Kreis* |
| can | *können* | city | *Großstadt* |
| candle | *Kerze* | class | *Klasse* |
| cap | *Mütze* | classroom | *Klassenraum* |
| capital | *Hauptstadt* | clean | *sauber* |
| car | *Auto* | to climb | *klettern* |
| carrot | *Möhre* | clock | *Uhr* |
| castle | *Burg, Schloss* | to close | *schließen* |
| cat | *Katze* | closed | *geschlossen* |
| to catch | *fangen* | clothes | *Kleidung* |
| caterpillar | *Raupe* | cloud | *Wolke* |
| cellar | *Keller* | cloudy | *wolkig* |
| chair | *Stuhl* | coast | *Küste* |
| chalk | *Kreide* | coat | *Mantel* |
| to change | *ändern* | coffee | *Kaffee* |
| cheap | *billig* | cold | *kalt* |
| cheese | *Käse* | to collect | *sammeln* |
| cherry | *Kirsche* | colour | *Farbe* |
| chicken | *Huhn* | comb | *Kamm* |
| child | *Kind* | to come | *kommen* |
| (pl.: children) | | comfortable | *bequem* |
| chimney | *Schornstein* | computer | *Computer* |
| chips | *Pommes frites* | to cook | *kochen* |
| chocolate | *Schokolade* | cooker | *Herd* |
| Christmas | *Weihnachten* | corner | *Ecke* |
| church | *Kirche* | cornflakes | *Cornflakes* |
| cinema | *Kino* | country | *Land* |

| | |
|---|---|
| cow | *Kuh* |
| crazy | *verrückt* |
| crossroads | *Kreuzung* |
| cucumber | *Gurke* |
| cup | *Tasse* |
| to cut | *schneiden* |
| to cycle | *Fahrrad fahren* |

## D

| | |
|---|---|
| dad, daddy | *Papa* |
| to dance | *tanzen* |
| dangerous | *gefährlich* |
| dark | *dunkel* |
| date | *Datum* |
| daughter | *Tochter* |
| day | *Tag* |
| dear | *lieb* |
| December | *Dezember* |
| deep | *tief* |
| desk | *Schreibtisch* |
| dice | *Würfel* |
| difficult | *schwierig* |
| dining room | *Esszimmer* |
| dinner | *Abendessen* |
| dirty | *dreckig* |

| | |
|---|---|
| to disappear | *verschwinden* |
| to do | *tun, machen* |
| doctor | *Arzt, Ärztin* |
| dog | *Hund* |
| doll | *Puppe* |
| door | *Tür* |
| double | *doppelt* |
| down | *hinunter* |
| downstairs | *unten (im Haus)* |
| to draw | *zeichnen* |
| dream | *Traum* |
| dress | *Kleid* |
| drink | *Getränk* |
| to drink | *trinken* |
| driver | *Fahrer* |
| drum | *Trommel* |
| dry | *trocken* |
| duck | *Ente* |

## E

| | |
|---|---|
| ear | *Ohr* |
| early | *früh* |
| earth | *Erde* |
| Easter | *Ostern* |
| easy | *einfach, leicht* |
| to eat | *essen* |

| | | | |
|---|---|---|---|
| egg | *Ei* | fast | *schnell* |
| eight | *acht* | father | *Vater* |
| eighteen | *achtzehn* | favourite ... | *Lieblings...* |
| eighty | *achtzig* | fear | *Angst* |
| eleven | *elf* | feather | *Feder* |
| empty | *leer* | February | *Februar* |
| England | *England* | to feed | *füttern* |
| English | *englisch* | feeling | *Gefühl* |
| enough | *genug* | felt tip | *Filzstift* |
| entrance | *Eingang* | fence | *Zaun* |
| evening | *Abend* | field | *Feld* |
| everybody | *jeder, alle* | fifteen | *fünfzehn* |
| example | *Beispiel* | fifty | *fünfzig* |
| exercise | *Übung* | to find | *finden* |
| exercise book | *Schulheft* | fine | *fein* |
| exit | *Ausgang* | finger | *Finger* |
| expensive | *teuer* | fire | *Feuer* |
| eye | *Auge* | first | *erste, erster* |
| | | fish (pl.: fish) | *Fisch* |
| | | five | *fünf* |
| **F** | | flag | *Fahne* |
| | | flat | *Wohnung* |
| face | *Gesicht* | flight | *Flug* |
| to fall | *fallen* | floor | *Boden* |
| family | *Familie* | flower | *Blume* |
| far | *fern, weit* | to fly | *fliegen* |
| farm | *Bauernhof* | fly | *Fliege* |
| farmer | *Bauer, Bäuerin* | | |

| English | Deutsch | English | Deutsch |
|---|---|---|---|
| fog | *Nebel* | | |
| foggy | *neblig* | **G** | |
| folder | *Hefter* | | |
| to follow | *folgen* | game | *Spiel* |
| food | *Essen* | garden | *Garten* |
| foot (pl.: feet) | *Fuß* | German | *deutsch* |
| football | *Fußball* | Germany | *Deutschland* |
| for | *für* | to get | *bekommen* |
| forest | *Wald* | to get up | *aufstehen* |
| to forget | *vergessen* | ghost | *Gespenst* |
| fork | *Gabel* | girl | *Mädchen* |
| forty | *vierzig* | to give | *geben* |
| fountain pen | *Füller* | glass | *Trinkglas* |
| four | *vier* | glasses | *Brille* |
| fourteen | *vierzehn* | gloves | *Handschuhe* |
| fox | *Fuchs* | glue | *Kleber* |
| Friday | *Freitag* | to go | *gehen* |
| fridge | *Kühlschrank* | goal | *Tor* |
| friend | *Freund, Freundin* | goat | *Ziege* |
| friendly | *freundlich* | good | *gut* |
| from | *von, aus* | goodbye | *auf Wieder-* |
| frosty | *frostig* | | *sehen* |
| fruit | *Früchte, Obst* | to go shopping | *einkaufen* |
| to fry | *braten* | grandfather | *Großvater* |
| fun | *Spaß* | grandma | *Oma* |
| funny | *lustig* | grandmother | *Großmutter* |
| | | grandpa | *Opa* |
| | | grapefruit | *Pampelmuse* |

| | |
|---|---|
| grass | *Gras* |
| great | *groß, großartig* |
| green | *grün* |
| grey | *grau* |
| guest | *Gast* |
| guitar | *Gitarre* |

## H

| | |
|---|---|
| hair | *Haar, Haare* |
| half | *halb* |
| hall | *Flur* |
| Halloween | *Halloween* |
| ham | *Schinken* |
| hamster | *Hamster* |
| hand | *Hand* |
| to hang | *hängen* |
| happy | *glücklich* |
| hat | *Hut* |
| to have | *haben* |
| he | *er* |
| head | *Kopf* |
| to hear | *hören* |
| heart | *Herz* |
| hello | *hallo* |
| helmet | *Helm* |
| to help | *helfen* |

| | |
|---|---|
| her | *ihr, sie* |
| here | *hier* |
| to hide | *verstecken* |
| high | *hoch* |
| hill | *Hügel* |
| him | *ihm, ihn* |
| his | *sein, seine* |
| hobby | *Hobby* |
| holidays | *Ferien, Urlaub* |
| homework | *Hausaufgaben* |
| honey | *Honig* |
| horse | *Pferd* |
| hospital | *Krankenhaus* |
| hot | *heiß* |
| hour | *Stunde* |
| house | *Haus* |
| how | *wie* |
| hundred | *hundert* |
| hungry | *hungrig* |

## I

| | |
|---|---|
| I | *ich* |
| ice cream | *Eiscreme* |
| ill | *krank* |
| in | *in* |
| in front of | *vor* |

| | | | |
|---|---|---|---|
| inside | *innen* | knife (pl.: knives) | *Messer* |
| invitation | *Einladung* | to know | *wissen* |
| Ireland | *Irland* | | |
| island | *Insel* | | |
| it | *es* | | |

**L**

| | |
|---|---|
| ladder | *Leiter* |
| lake | *See* |

**J**

| | | | |
|---|---|---|---|
| jacket | *Jacke* | lamp | *Lampe* |
| jam | *Marmelade* | late | *spät* |
| January | *Januar* | leaf (pl.: leaves) | *Blatt* |
| jeans | *Jeans* | to learn | *lernen* |
| job | *Arbeitsstelle* | left | *links* |
| joke | *Witz* | leg | *Bein* |
| juice | *Saft* | lemon | *Zitrone* |
| July | *Juli* | to let | *lassen* |
| to jump | *springen* | letter | *Brief* |
| June | *Juni* | letter box | *Briefkasten* |
| | | light | *Licht* |
| | | light blue | *hellblau* |
| | | to like | *mögen* |
| | | lion | *Löwe* |

**K**

| | | | |
|---|---|---|---|
| | | lip | *Lippe* |
| ketchup | *Ketchup* | to listen | *zuhören* |
| king | *König* | little | *klein* |
| to kiss | *küssen* | to live | *leben* |
| kitchen | *Küche* | living room | *Wohnzimmer* |
| kite | *Drachen* | lolly | *Lutscher* |
| knee | *Knie* | | |

| | |
|---|---|
| long | *lang* |
| loud | *laut* |
| to love | *lieben* |
| lunch | *Mittagessen* |

## M

| | |
|---|---|
| man (pl.: men) | *Mann* |
| many | *viele* |
| map | *Karte* |
| | *(Landkarte)* |
| March | *März* |
| market | *Markt* |
| marmalade | *Marmelade* |
| to marry | *heiraten* |
| maths | *Mathematik* |
| may | *dürfen* |
| May | *Mai* |
| me | *mir, mich* |
| meadow | *Wiese* |
| meat | *Fleisch* |
| to meet | *treffen* |
| Merry | *Frohe* |
| Christmas! | *Weihnachten* |
| milk | *Milch* |
| mineral water | *Mineralwasser* |
| minute | *Minute* |

| | |
|---|---|
| mirror | *Spiegel* |
| moment | *Augenblick* |
| Monday | *Montag* |
| money | *Geld* |
| monkey | *Affe* |
| month | *Monat* |
| moon | *Mond* |
| more | *mehr* |
| morning | *Vormittag* |
| mother | *Mutter* |
| motorbike | *Motorrad* |
| mountain | *Berg* |
| mouse | *Maus* |
| (pl.: mice) | |
| mouth | *Mund* |
| much | *viel* |
| mum | *Mama* |
| mushroom | *Pilz* |
| music | *Musik* |
| must | *müssen* |
| my | *mein, meine* |

## N

| | |
|---|---|
| name | *Name* |
| near | *nah* |
| neck | *Hals* |

| | |
|---|---|
| to need | *brauchen* |
| nest | *Nest* |
| never | *nie* |
| new | *neu* |
| next to | *neben* |
| nice | *nett, schön, gut* |
| night | *Nacht* |
| nine | *neun* |
| nineteen | *neunzehn* |
| ninety | *neunzig* |
| no | *nein* |
| north | *Norden* |
| nose | *Nase* |
| not | *nicht* |
| November | *November* |
| now | *jetzt* |
| number | *Zahl* |
| nut | *Nuss* |

## O

| | |
|---|---|
| October | *Oktober* |
| okay, OK | *okay* |
| old | *alt* |
| on | *auf* |
| one | *eins* |

| | |
|---|---|
| one hundred | *einhundert* |
| onion | *Zwiebel* |
| only | *nur* |
| open | *offen* |
| opposite | *gegenüber* |
| orange | *Apfelsine* |
| orange juice | *Orangensaft* |
| our | *unser, unsere* |
| oven | *Backofen* |

## P

| | |
|---|---|
| page | *Seite* |
| to paint | *malen* |
| paintbrush | *Pinsel* |
| palace | *Palast* |
| pan | *Pfanne* |
| parents | *Eltern* |
| park | *Park* |
| party | *Feier* |
| to pay | *bezahlen* |
| peach | *Pfirsich* |
| pear | *Birne* |
| pedestrian | *Fußgänger* |
| pen | *Stift* |
| pencil | *Bleistift* |
| pencil case | *Mäppchen* |

| | | | |
|---|---|---|---|
| people | *Leute* | purple | *lila* |
| pepper | *Pfeffer* | to put | *setzen, stel-* |
| perhaps | *vielleicht* | | *len, legen* |
| pet | *Haustier* | to put on | *anziehen* |
| piano | *Klavier* | puzzle | *Puzzle* |
| picture | *Bild* | | |
| piece | *Stück* | | |
| pig | *Schwein* | **Q** | |
| pink | *pink* | | |
| pizza | *Pizza* | quarter | *Viertel* |
| place | *Platz* | queen | *Königin* |
| plane | *Flugzeug* | question | *Frage* |
| plate | *Teller* | | |
| to play | *spielen* | **R** | |
| playground | *Spielplatz* | | |
| please | *bitte* | rabbit | *Kaninchen* |
| plum | *Pflaume* | radio | *Radio* |
| police | *Polizei* | rain | *Regen* |
| poor | *arm* | rainbow | *Regenbogen* |
| post office | *Post* | rainy | *regnerisch* |
| pot | *Topf* | to read | *lesen* |
| potato | *Kartoffel* | red | *rot* |
| present | *Geschenk* | to repair | *reparieren* |
| to pull | *ziehen* | to repeat | *wiederholen* |
| pullover | *Pullover* | to ride | *reiten, fahren* |
| pumpkin | *Kürbis* | right | *rechts* |
| pupil | *Schüler(in)* | to ring | *klingeln* |
| | | river | *Fluss* |

| | | | |
|---|---|---|---|
| road | *Straße, Weg* | schoolbag | *Schultasche* |
| rock | *Felsen* | scissors | *Schere* |
| roll | *Brötchen* | Scotland | *Schottland* |
| roof | *Dach* | sea | *Meer* |
| room | *Zimmer* | season | *Jahreszeit* |
| rope | *Seil* | second | *Sekunde* |
| rose | *Rose* | secret | *geheim* |
| rubber | *Radiergummi* | to see | *sehen* |
| rubbish | *Abfall, Müll* | to sell | *verkaufen* |
| ruler | *Lineal* | to send | *schicken* |
| to run | *rennen* | September | *September* |
| | | seven | *sieben* |
| | | seventeen | *siebzehn* |

## S

| | | | |
|---|---|---|---|
| | | seventy | *siebzig* |
| sad | *traurig* | to shake | *schütteln* |
| salad | *Salat* | sharpener | *Spitzer* |
| salt | *Salz* | she | *sie (Einzahl)* |
| sandals | *Sandalen* | sheep | *Schaf* |
| sandpit | *Sandkasten* | (pl.: sheep) | |
| sandwich | *Sandwich* | shelves | *Regal* |
| satchel | *Ranzen* | to shine | *scheinen* |
| Saturday | *Samstag* | ship | *Schiff* |
| sausage | *Wurst* | shirt | *Hemd* |
| to say | *sagen* | shoe | *Schuh* |
| scarf | *Schal* | shop | *Geschäft* |
| (pl.: scarves) | | short | *kurz* |
| school | *Schule* | shoulder | *Schulter* |

| | | | |
|---|---|---|---|
| to show | *zeigen* | son | *Sohn* |
| shower | *Dusche,* | song | *Lied* |
| | *Schauer* | sorry | *Entschuldi-* |
| to shut | *schließen* | | *gung!* |
| sick | *krank* | soup | *Suppe* |
| to sing | *singen* | sour | *sauer* |
| sister | *Schwester* | spaghetti | *Spaghetti* |
| to sit | *sitzen* | spider | *Spinne* |
| six | *sechs* | spoon | *Löffel* |
| sixteen | *sechzehn* | sport | *Sport* |
| sixty | *sechzig* | spring | *Frühling* |
| skateboard | *Skateboard* | stairs | *Treppe* |
| skin | *Haut* | stamp | *Briefmarke* |
| skirt | *Rock* | to stand | *stehen* |
| sky | *Himmel* | star | *Stern* |
| sledge | *Schlitten* | station | *Bahnhof* |
| slide | *Rutsche* | to stay | *bleiben* |
| slow | *langsam* | stockings | *Strümpfe* |
| small | *klein* | to stop | *anhalten* |
| snake | *Schlange* | storm | *Sturm* |
| snowball | *Schneeball* | story | *Geschichte* |
| snowboard | *Snowboard* | straight ahead | *geradeaus* |
| soap | *Seife* | strawberry | *Erdbeere* |
| socks | *Socken* | street | *Straße* |
| sofa | *Sofa* | stripe | *Streifen* |
| soft | *weich* | stupid | *dumm* |
| some | *einige* | sugar | *Zucker* |

| | | | |
|---|---|---|---|
| suitcase | *Koffer* | tennis | *Tennis* |
| summer | *Sommer* | thank you | *danke* |
| sun | *Sonne* | the | *der, die, das* |
| Sunday | *Sonntag* | there | *da, dort* |
| sunglasses | *Sonnenbrille* | they | *sie (Mehrzahl)* |
| sunny | *sonnig* | thin | *dünn* |
| supermarket | *Supermarkt* | to think | *denken* |
| sweatshirt | *Sweatshirt* | thirsty | *durstig* |
| sweet | *süß, Süßigkeit* | thirteen | *dreizehn* |
| to swim | *schwimmen* | thirty | *dreißig* |
| swing | *Schaukel* | this | *dies, dieses* |
| | | three | *drei* |
| **T** | | through | *durch* |
| | | Thursday | *Donnerstag* |
| table | *Tisch* | ticket | *Fahrkarte* |
| table tennis | *Tischtennis* | time | *Zeit* |
| to take | *nehmen* | timetable | *Stundenplan* |
| to take off | *ausziehen* | tired | *müde* |
| tall | *groß* | toast | *Toast* |
| to taste | *schmecken* | today | *heute* |
| taxi | *Taxi* | toe | *Zeh* |
| tea | *Tee* | toilet | *Toilette* |
| teacher | *Lehrer(in)* | tomato | *Tomate* |
| team | *Mannschaft* | tomorrow | *morgen* |
| television | *Fernseher* | tongue | *Zunge* |
| to tell | *erzählen* | too | *auch* |
| ten | *zehn* | tooth (pl.: teeth) | *Zahn* |

| | | | |
|---|---|---|---|
| torch | *Taschen-lampe* | underground | *U-Bahn* |
| towel | *Handtuch* | underpants | *Unterhose* |
| town | *kleine Stadt* | to understand | *verstehen* |
| toy | *Spielzeug* | up | *hinauf* |
| tractor | *Traktor* | upstairs | *oben (im Haus)* |
| traffic lights | *Ampel* | us | *uns* |
| train | *Zug* | to use | *benutzen* |
| tram | *Straßenbahn* | | |
| to travel | *reisen* | **V** | |
| tree | *Baum* | valley | *Tal* |
| trip | *Ausflug* | vegetable | *Gemüse* |
| trousers | *Hose* | very | *sehr* |
| T-shirt | *T-Shirt* | village | *Dorf* |
| Tuesday | *Dienstag* | to visit | *besichtigen* |
| tummy | *Bauch* | | |
| tunnel | *Tunnel* | **W** | |
| to turn | *drehen* | to wait | *warten* |
| twelve | *zwölf* | wall | *Wand* |
| twenty | *zwanzig* | to want | *wollen* |
| two | *zwei* | war | *Krieg* |
| | | wardrobe | *Schrank (für Kleider)* |
| **U** | | | |
| umbrella | *Regenschirm* | warm | *warm* |
| uncle | *Onkel* | to wash | *waschen* |
| under | *unter* | to watch | *anschauen* |

| | | | |
|---|---|---|---|
| watch | *Armbanduhr* | without | *ohne* |
| (pl.: watches) | | wizard | *Zauberer* |
| to watch TV | *fernsehen* | woman | *Frau* |
| water | *Wasser* | (pl.: women) | |
| we | *wir* | word | *Wort* |
| weather | *Wetter* | to work | *arbeiten* |
| Wednesday | *Mittwoch* | world | *Welt* |
| week | *Woche* | to write | *schreiben* |
| weekend | *Wochenende* | wrong | *falsch* |
| welcome | *willkommen* | | |
| well | *gut* | **Y** | |
| wet | *nass* | | |
| what | *was* | year | *Jahr* |
| when | *wann* | yellow | *gelb* |
| where | *wo* | yes | *ja* |
| white | *weiß* | yesterday | *gestern* |
| who | *wer* | yoghurt | *Joghurt* |
| why | *warum* | you | *du, dir; ihr,* |
| wild | *wild* | | *euch; Sie* |
| wind | *Wind* | young | *jung* |
| window | *Fenster* | your | *dein, deine;* |
| windy | *windig* | | *euer, eure;* |
| wing | *Flügel* | | *Ihr, Ihre* |
| winner | *Sieger(in)* | | |
| winter | *Winter* | **Z** | |
| to wish | *wünschen* | zebra | *Zebra* |
| with | *mit* | zero | *Null* |

# Kleine Grammatik

## Nomen

Nomen bezeichnen Namen für

| | |
|---|---|
| • Gegenstände: | Hut, Auto, Haus ... |
| • Personen: | Lukas, Oma, Lehrer ... |
| • Tiere: | Kuh, Hund, Katze ... |
| • Pflanzen: | Gras, Rose, Birke ... |
| • Gefühle und Gedanken: | Liebe, Glück ... |

Die meisten Nomen gibt es in der
**Einzahl** und
in der **Mehrzahl**

ein **Kind**
die **Kinder**

Nomen werden am Wortanfang großgeschrieben.
Das heißt, ein Nomen beginnt mit einem Großbuch-
staben.

Fast alle Nomen kann man mit der **Nomenprobe**
finden. Bei der Nomenprobe wird überprüft, ob es
das Wort in der Einzahl und in der Mehrzahl gibt.

das Haus
viele Häuser

die Rose
viele Rosen

der Traum
viele Träume

Zu fast allen Nomen kann ein **Artikel** hinzutreten.
Es gibt **bestimmte Artikel** (der, die, das)
und **unbestimmte Artikel** (ein, eine).

| | | |
|---|---|---|
| der **Baum** | die **Rose** | das **Haus** |
| ein **Baum** | eine **Rose** | ein **Haus** |

Das Nomen kann in vier **Fällen** stehen:

1. Fall
Wer oder was?

Die Mutter **lacht.**

2. Fall
Wessen?

**Das Buch** der Mutter **ist gut.**

3. Fall
Wem?

**Das Buch gehört** der Mutter.

4. Fall
Wen oder was?

**Die Kinder rufen** die Mutter.

# Personalpronomen

Personalpronomen können Nomen ersetzen.
Beispiele:
ich, du, er, sie, es, wir, ihr, sie
mir, dir, ihm, ihr, ihm, uns, euch, ihnen
mich, dich, ihn, sie, es, uns, euch, sie

| | | |
|---|---|---|
| Die Mutter **lacht.** | Der Vater **kocht.** | Das Kind **singt.** |
| Sie **lacht.** | Er **kocht.** | Es **singt.** |

## Verben

Verben geben an,
was jemand tut oder
was geschieht.

spielen, lesen,
duften, schrumpfen

Verben verändern sich je nachdem, ob es um Gegen-
wärtiges, Vergangenes oder Zukünftiges geht. Das
sind dann unterschiedliche **Zeitformen**.

ich male (Gegenwart)
ich malte (1. Vergangenheit)
ich habe gemalt (2. Vergangenheit)
Ich werde malen (Zukunft)

Verben können
verschiedene
**Personalformen**
haben.

| | |
|---|---|
| ich male | wir malen |
| du malst | ihr malt |
| er/sie/es malt | sie malen |

Im Wörterbuch werden Verben
in der **Grundform** angegeben.
Die Grundform hat meist die Endung -en.

malen

Verben kann man mit der **Verbprobe** finden.
Bei der Verbprobe wird überprüft, ob sich
das Wort in eine Vergangenheitsform setzen lässt.

| | | |
|---|---|---|
| ich spiele | sie läuft | er lacht |
| ich spielte | sie lief | er lachte |

# Adjektive

Adjektive geben an, wie etwas sein kann.

alt, dunkel, eng, flüssig, glatt, glücklich, groß, grün, heiß, kalt, leicht, neu, offen, rund, still, süß, wild ...

Die meisten Adjektive lassen sich **steigern**.

| schnell | schneller | am schnellsten |
|---|---|---|
| Grundform | Vergleichsstufe 1 | Vergleichsstufe 2 |

Adjektive können zwischen einem Artikel und einem Nomen stehen.

| Artikel | Adjektiv | Nomen |
|---|---|---|
| das | große | Haus |
| die | schöne | Maus |

Fast alle Adjektive kann man mit der
**Adjektivprobe** finden.
Bei der Adjektivprobe wird überprüft,
ob sich das Wort steigern lässt.

| klein | kleiner | am kleinsten |
|---|---|---|

## Wortbausteine

Verschiedene Teile eines Wortes heißen
**Wortbausteine**. Der wichtigste Baustein eines Wortes
ist der Wortstamm. Wörter mit dem gleichen
**Wortstamm** heißen **Wortfamilie**.

Wortstamm treff

treffen    antreffen    trefflich    Treffer    betreffen

## Silben

Wörter bestehen aus einer oder mehreren Silben.
In jeder Silbe befindet sich
ein **Vokal**                     a, e, i, o, u,
ein **Umlaut**                    ä, ü, ö
oder ein **Zwielaut** (Diphtong)  au, eu, ei, äu, ai

schnell    Schrau-be

Vorangestellte Silben heißen **Vorsilben**.

verlaufen    vorlaufen    zerlaufen

Silben am Wortende heißen **Nachsilben**.

Schönheit    Spiegelung    friedlich